风景资源学

方田红 编著

華東理工大學出版社
EAST CHINA UNIVERSITY OF SCIENCE AND TECHNOLOGY PRESS
·上海·

图书在版编目（CIP）数据

风景资源学 / 方田红编著. — 上海：华东理工大学出版社，2023.10

ISBN 978-7-5628-7282-5

Ⅰ. ①风… Ⅱ. ①方… Ⅲ. ①风景区－旅游资源－研究 Ⅳ. ①F590

中国国家版本馆CIP数据核字（2023）第180777号

内容提要

本书的知识体系是基于旅游资源学已有的研究积累，重点讲述自然风景资源部分，在辨析风景资源概念、分析总体美学特征之后，对常见的自然风景资源的大类做更详细的分述，包括概念、景观特征、空间分布、美学价值、代表性资源地等内容；特别增加了每个类别风景资源规划设计的案例分析，包含案例地已有风景资源的概况、规划设计原则、总体规划布局以及重要节点的景观设计等内容。

项目统筹 / 左金萍
责任编辑 / 赵子艳
责任校对 / 金美玉
装帧设计 / 徐　蓉
出版发行 / 华东理工大学出版社有限公司
地址：上海市梅陇路130号，200237
电话：021-64250306
网址：www.ecustpress.cn
邮箱：zongbianban@ecustpress.cn
印　　刷 / 上海新华印刷有限公司
开　　本 / 787 mm × 1092 mm　1/16
印　　张 / 11.75
字　　数 / 207千字
版　　次 / 2023年10月第1版
印　　次 / 2023年10月第1次
定　　价 / 98.00元

前言
Foreword

好的风景既是吸引游客的重要资源，也是本地居民向往美好生活的空间载体。风景资源学的研究是为了更好地认知自然资源的客观属性、挖掘自然之美、为人们创造更美好的生存空间，进而有效地保护自然资源和自然之美。

本书内容基于华东理工大学风景园林系硕士研究生导师方田红副教授讲授的“风景资源学”线下与线上课程的积累，在保证科学性与准确性的基础上，尽量克服教材普遍存在的刻板性，追求语言的相对活泼性、知识点的趣味性以及图片的精美性等，以期改善读者的阅读体验。

本书的知识体系是基于旅游资源学已有的研究积累，重点讲述自然风景资源部分，在辨析风景资源概念、分析总体美学特征之后，对常见的自然风景资源的大类做更详细的分述，包括概念、景观特征、空间分布、美学价值、代表性资源地等内容；特别增加了每个类别风景资源规划设计的案例分析，包含案例地已有风景资源的概况、案例地规划设计原则、案例地总体规划设计以及案例地重要节点的景观设计等内容。这种安排基于风景资源类别众多、形式各异，即使是同属某个大类，也有很大的差别，比如水体资源中的河流与温泉、湖泊与瀑布等，差别明显，所以给出每个细分类别的开发案例，有助于学生更好地掌握此类资源规划开发要点，提升学生解决实际问题的能力。

本课程已完成慕课建设，可以随时扫码进行在线课程学习，实现纸质阅读与在线视频学习相结合；书中插入大量图片，既可以生动形象地解释知识点，也能增加读者的兴趣，提高读者阅读体验的质量。另外，书中也有知识链接板块，更好地辅助读者进行拓展阅读；每章前有学习重点与目标，后有复习参考题，引导读者进行预习、复习及思考。

本书由方田红担任主编，汪军副教授、张杰教授给予了框架指导，多位研究生参与了案例的收集与整理工作，包括张瑶、梁志沅、张赵琴、董莹、姜凯文、郑夏凯、郑丁涵、李蓓、魏苒等。华东理工大学教务处、艺术设计与传媒学院对本书的出版给予了资金支持。另外，本书参考了众多前辈的研究成果，一并表示感谢。

由于编者水平有限，书中难免有疏漏与不妥之处，真诚地希望各位同仁与读者不吝赐教，十分感谢。

目 录

CONTENTS

第一章 风景资源的概念体系

第二章 风景资源的美学特征

第三章 地貌风景资源

第四章 水体风景资源

第五章 生物风景资源

第一章

Chapter 01

风景资源的概念体系

本章学习重点与目标

（1）识记资源、风景、风景资源的概念

（2）辨别风景资源与其他资源的区别与联系

（3）理解风景资源的特征

第一节　风景资源的概念与内涵

一、资源的概念与内涵

英文里的“资源”一词为resource，它由re和source组成，前缀“re”含有“再”的意思，“source”表示来源。联合国环境规划署对资源的定义是：“所谓资源，特别是自然资源是指在一定时期、地点条件下能够产生经济价值，以提高人类当前和将来福利的自然因素和条件。”

由于人们研究的领域和角度存在着差别，在资源的概念上存在着各种不同的理解，资源通常有广义和狭义之分。

广义的资源是指人类生存发展和享受所需要的一切物质的和非物质的要素。也就是说，在自然界和人类社会中，有用物即资源，无用物即非资源。因此，资源既包括一切为人类所需要的自然物，如阳光、空气、水、矿产、土壤、植物及动物等，也包括以人类劳动产品形式出现的一切有用物，如各种房屋、设备、其他消费性商品及生产资料性商品，还包括无形的资财，如信息、知识和技术，以及人类本身的体力和智力等。关于广义资源的概念，历史上早有一些间接的论述，英国的威廉·配第曾经指出：“土地是财富之母，劳动是财富之父。”马克思在论述资本主义剩余价值的产生时指出：“劳动力和土地是形成财富的两个原始要素，是一切财富的源泉。”恩格斯则进一步明确指出：“其实劳动和自然界一起才是一切财富的源泉。自然界为劳动提供材料，劳动把材料变为财富。”马克思和恩格斯虽然没有专门给资源下定义，但已经把劳动力和土地、劳动和自然界肯定为形成财富的源泉。这种论述和我们现代人的理解是非常接近的。因此人类社会财富的创造不仅来源于自然界，而且还来源于人类社会，资源不仅包括物质的要素，也包括非物质的要素。

二、风景及相近的几个概念

（一）风景

“风景”一词释义较多。《辞海》将“风景”解释为“风光、景色”。王勃《滕王阁序》：“俨骖騑于上路，访风景于崇阿。”《世说新语·言语》：“过江诸人……风景不殊，正自有山河之异！”这些文献中，风景多指具有美学价值的自然风光。H. W. S. 克利夫兰的《风景建筑学》一书中认为“风景是指以自然景物为主构成的，能引起美感的空间环境。”约翰·奥姆斯比·西蒙兹的《大地景观：环境规划设计手册》一书中认为“风景是自然界体系和社会界体系优化结合的环境。”风景是以自然物为主体所形成的能引起美感的审美对象，实质上是在一定的条件下，由山水景物及某些自然和人文现象所构成的足以引起人们审美与欣赏的景象。我国湖南张家界武陵源的砂岩峰林（图 1-1），地貌罕见，风景优美。

图 1-1　张家界武陵源的砂岩峰林

景物、景感和条件是构成风景的三类基本要素。景物是构成风景的客观因素、基本素材，是具有独立欣赏价值的风景素材的个体，包括山、水、植物、动物、空气、光、建筑以及其他诸如雕塑碑刻、胜迹遗址等有效的风景素材；景感是构成风景的活跃因素、主观反映，是人对景物的体察、鉴别和感受能力，例如视觉、听觉、嗅觉、味觉、触觉、联想、心理等；条件是风景构成的制约因素、原因和手段，是赏景主体与风景客体所构成的特殊关系，包括个体、时间、地点、文化、科技、经济和社会各种条件等。

（二）景观

“景观”是与“风景”很接近的一个词，比如日常生活中，人们会说到“这儿的景观很好”“这儿的风景很美”，这种语境下的“景观”与“风景”基本同义，同指具有美学价值的自然或人工景象。

图 1-2　美国科罗拉多大峡谷

图 1-3　云南哈尼梯田

图 1-4　上海奉贤区吴房村

19 世纪初，德国地理学家亚历山大·冯·洪堡（Alexander von Humboldt）将景观作为一个科学名词引入地理学中，将其解释为“一个区域的总体特征”。《中国大百科全书·地理学》（1990）概括了地理学中对景观的几种理解：① 某一区域的综合特征，包括自然、经济、文化诸方面；② 一般自然综合体；③ 区域单位，相当于综合自然区划等级系统中最小的一级自然区；④ 任何区域单位。《辞海》对其解释为“地理学名词。一般概念：泛指地表自然景色；特色区域概念：专指自然地理区划中起始的或基本的区域单位，是发生在相对一致和形态结构同一的区域，即自然地理区；类型概念：类型单位的通称，指相互隔离的地段，按其外部特征的相似性，归为同一类型单位，如荒漠景观、草原景观等。”

一般意义上，景观是指一定区域呈现的景象，即视觉效果。这种视觉效果反映了土地及土地上的空间和物质。图 1-2 中的美国科罗拉多大峡谷，是经历了久远的复杂的自然过程而形成的世界著名景观；图 1-3 中的云南哈尼梯田、图 1-4 中的上海奉贤区吴房村景观既是自然形成的结果，更是叠加了深深的人类活动的烙印。

“景观”一词也被引用到更多其他学科，并与之结合发展和促生了许多新的学科与专业，如景观生态学。生态学上的景观是指由相互作用的拼块或生态系统组成，以相似的形式重复出现的一个空间异质性区域，是具有分类含义的自然综合体。

（三）园林

“园林”一词在我国最早出现在魏晋南北朝时期，如陶渊明有“静念园林好，人间良可辞”、何承天有“雉子游原泽，幼怀耿介心。饮啄虽勤苦，不愿栖园林”等佳句，这一时期的园林多指具有山水田园风光的乡间庭园。在园林发展的漫长历史中，园林的含义不断被丰富，但也没有一个公认的明确的定义。

周维权认为园林是人们为弥补与自然环境的隔离而人工建造的“第二自然”，强调了人工的作用。此概念适合解释我国古典园林，如图 1-5 所示的苏州园林，但排除了风靡世界的国家公园。《建筑　园林　城市规划名词》一书将“园林”译为“garden and park”，即花园和公园。

图 1-5　苏州园林

图片来源：苏州园林旅游网

综合来看，园林的概念有广义和狭义之分。

从狭义角度看，园林是在一定的地段范围内，利用、改造天然山水地貌或人工开辟山水地貌，结合建筑造型、小品艺术和动植物观赏，从而构成一个以视觉景观之美为主的游憩、居住环境。

从广义角度看，园林包括近现代发展起来的各类公园、城镇绿地系统、自然保护区在内的融自然风景与人文艺术于一体的为社会公众提供更加舒适、快乐、文明、健康的游憩娱乐环境，如图 1-6 所示的美国纽约中央公园。

图 1-6　美国纽约中央公园

总之，园林是在一定的地域运用工程技术和艺术手段，通过改造地形（或进一步筑山、叠石、理水）、种植树木花草、营造建筑和布置园路等途径创作而成的美的自然环境和游憩境域。

（四）风景、景观及园林三者的关系

风景、景观与园林三者在概念上既有区别又有联系。风景是在一定的条件下，以山水景物及某些自然和人文现象所构成的足以引起人们审美与欣赏的景象，强调其美学价值。景观是指一定区域呈现的景象，不着意强调其美学价值。园林则是通过一定的人工力量去创造的具有美学价值的境域，强调人工力量。从概念范畴来看，景观的范畴最大，风景次之，园林最小。

三、风景资源及相近的几个概念

在阐述风景资源的概念之前，先来阐明一个与之相近的概念，即旅游资源的概念。

（一）旅游资源

近年来，国内外旅游业都有了长足的发展，有关旅游资源的概念研究也很丰富。关于旅游资源的概念，很多学者给予了解释。

郭来喜认为："凡是能为人们提供旅游观赏、知识乐趣、度假休闲、娱乐休息、探险猎奇、考察研究以及人民友好往来和消磨闲暇时间的客体和劳务，都可称为旅游资源。"

保继刚认为："旅游资源是指对旅游者具有吸引力的自然存在和历史文化遗产，以及直接用于旅游目的的人工创造物。"

黄辉实认为："旅游资源是吸引人们前来游览、娱乐的各种事物的原材料，这些原材料可以是物质的，也可以是非物质的，它们本身不是游览目的物和吸引物，必须经过开发才能成为有吸引力的事物"。

中华人民共和国文化和旅游部资源开发司和中国科学院地理科学与资源研究所均认为："自然界和人类社会凡能对旅游者产生吸引力，可以为旅游业开发利用，并可产生经济效益、社会效益、环境效益的各种事物因素都可视为旅游资源。"这个概念被广泛认可。

综上所述，旅游资源是指凡能吸引人们产生旅游动机，能被旅游业利用，并在利用中产生经济效益、社会效益和环境效益的一切因素和事物。

（二）风景资源

在我国，风景资源的研究起始于20世纪80年代，也是我国旅游业起步发展的阶段。在旅游业起步发展阶段，人们首先要挖掘的是我国有哪些资源有吸引力，可以用来发展旅游业。这一阶段，学者们更多采用"风景资源"这一词来描述对人们有吸引力的自然景物或人文景物。

董佩龙（1981）指出，风景是指由存在于大自然中的某种天然的或人为的客观事物所构成的，可供人们游憩、观赏，能使人们从中得到美的感受或能引入某种意境的环境面貌。这些环境面貌经过人为开发，能够基本满足“风景”这个概念要求的自然风光就是风景资源。有些风景资源本身不加任何修饰已成为“风景”，有些则需加以人工造作、选择取舍和加工布置才能显示出风景的美来。这一解释强调了风景资源的自然属性，也说明了风景资源有些是天成的，有些则是人工开发出来的。

孙文昌（1984）认为，风景是地理景观的一部分，是引起人们美感的地段，具有诗情画意，有欣赏价值，能陶冶人的情操。自然风景是风景的基础。这一观点强调了风景的美学价值和自然属性。

陈传康、孙秀萍（1986）指出，风景是由山（地质地貌）、水、花木、建筑、天气变化、人文特色六个要素构成的。与一定地域相联系的风景称为景观。按风景组成要素的差异分类，景观可分为天然景观、建筑景观、园林景观、雕筑景观（假山和游乐园）等。这一概念范畴进一步扩大，与今日旅游资源的概念基本重合。

综上可知，风景资源相对于旅游资源来讲，更强调其自然属性和美学价值。风景资源为旅游业所利用后可以转化为旅游资源。

本书将风景资源与旅游资源做一区分，回归风景资源的自然属性与美学价值，风景资源是指在一定时期、地点条件下以山水景物以及某些自然和人文现象所构成的具有美学价值、能够引起人们审美与欣赏并能在一定条件下产生经济效益的景象。

第二节　风景资源的分类

一、风景资源分类的概念

根据风景资源的同质性和差异性，按照一定的目的和需要，可以将风景资源进行集合归类，区分为具有一定从属关系的不同类别系统。

二、风景资源分类的目的

通过对风景资源的分类，可以达到以下目的。

第一，加深对风景资源属性的认识。通过对种类众多的风景资源进行系统化的梳理、对比、归纳和划分，找到资源之间的共性或差异性，得出不同级别的从属关系及其联系，加深对风景资源整体及局部的认知并掌握其特点、规律，为风景资源的保护、开发与利用提供基础和依据。

第二，将种类庞杂的众多风景资源进行条理化、系统化划分，为比较与评价风景资源、建立旅游区特色旅游产品体系、形成一个关于风景资源的信息系统提供决策依据。

第三，作为区域风景资源调查与评价的基础。科学有效的风景资源的分类，是风景资源调查与评价的基础，可以指导和帮助旅游工作者顺利完成旅游规划与开发前的资源调查与评价任务。

三、风景资源分类的原则

同质性与差异性原则：划分出的同一级同一类型的风景资源必须具有共同的属性，不同的类型之间必须具有一定的差异性。

整合性与独立性原则：整合性原则是指从不同角度将风景资源的基本架构分解为几大类，而这几大类整合在一起仍能够保持风景资源基本架构的整体性与完整性。独立性原则是指所划分的几个大类相互之间应该是相对独立的，不会出现相互包容或重叠的情况。

系统性与对应性原则：风景资源是由各种不同的资源个体组成的一个系统，对风景资源进行分类时必须遵循这一原则。划分出的次一级类型的内容必须完全对应于上一级类型的内容，不能出现次一级类型的内容超出上一级类型的内容或少于上一级类型的内容的现象。

四、风景资源的具体分类

对风景资源进行分类需要依据一定的分类标准，不同的分类标准会有不同的分类类别。通常可以按照风景资源的本身属性、成因、功能等标准对风景资源进行分类。

（一）按属性分

根据风景资源的性质、特点、存在方式、状态等，可将风景资源分为自然风景资源和自然与人文双重风景资源。

自然风景资源是指能使人们产生美感或兴趣的、由各种地理环境或生物构成的自然景观。主要包括以下几个类别：① 地貌风景资源，如山地景观、喀斯特景观、丹霞景观、砂岩峰林景观、风成地貌景观、火山景观、冰川景观、海岸景观等；② 水体风景资源，如海洋、河流、湖泊、瀑布和各类泉水；③ 生物风景资源，如森林、草原和各种野生动植物、海洋生物；④ 气候气象风景资源，如避暑、避寒胜地和四季宜人的温带与副热带气候风景资源，日出日落、霞光云彩、冰雪雾凇等风景资源。在众多的自然风景资源中，那些分别以水光山色、奇石异洞、流泉飞瀑、阳光海滩、宜人气候和珍禽异兽、琼花瑶草为特色的景象组合，往往形成不同风格的著名风景区，成为人们观光览胜、避暑消夏、度假疗养和开展各种体育活动的旅游胜地。

自然与人文双重风景资源主要指本身是自然景观，风景秀丽，同时此地人文活动历史悠久，留下大量物质的或非物质的风景资源。如已入选世界文化与自然双重遗产名录的地方都是自然与人文双重风景资源地。依据《保护世界文化和自然遗产公约》之主旨，复合遗产是指兼具自然与文化之美的代表。截至 2020 年 1 月，全球 1 121 项世界遗产中，共有复合遗产 39 项。我国泰山、黄山、峨眉山—乐山大佛、武夷山等都是自然与人文双重风景资源。

（二）按成因分

根据风景资源形成的基本原因与过程，可对风景资源进行分类。如根据地貌形成的动力因素，将地貌风景资源分为内动力地貌风景资源、外动力地貌风景资源和人工地貌风景资源。内动力地貌主要由内动力因素形成，如由构造运动、火山活动形成的地貌（断层崖、火山锥等）；外动力地貌主要由外部动力因素形成，又可分为地面流水地貌、冰川地貌、岩溶地貌等。人工地貌是由人工改造形成的地貌，如运河、梯田等。

（三）按功能分

根据风景资源满足人们旅游与休闲活动需求的功能，可将风景资源分为观光游览型风景资源、参与体验型风景资源、康乐疗养型风景资源等。观光游览型风景资源主要是指自然风光、珍稀动植物等风景资源，如云海、日出、大熊猫等。参与体验型风景资源主要是指可以用来开发各种体验活动的风景资源，如可攀岩的山体、可漂流的河流、可滑雪的雪景、可探险的洞窟等能够使旅游者置身其中、得到切身体会的风景资源。康乐疗养型风景资源主要是指可使人们获得休闲、娱乐、保健与疗养作用的风景资源，如温泉、海滩、森林资源等。

（四）按其他标准分

根据开发利用情况、管理级别、质量高低等，也可以对风景资源进行分类。如按开发利用情况，可将风景资源分为已开发的风景资源与待开发的风景资源；按管理级别，可将风景资源分为世界级风景资源、国家级风景资源、省市级风景资源等。

第三节　风景资源的特征

风景资源相对于其他资源类型，有自己独有的特征，以下分别从空间、时间、经济、文化几个角度来分析风景资源的特征。

一、风景资源的空间特征

（一）表现形式的复杂性

由风景资源的定义可知，具有美学价值、能够引起游客审美与欣赏的景物均可称为风景资源。而这些吸引力因素的形式多种多样、千变万化，所以风景资源的表现形式也是复杂多样的。它可以是自然的，也可以是人文的；可以是历史的，也可以是当代的；可以是有形的，也可以是无形的；可以是物质的，也可以是精神的。这种形式的复杂性是其他任何资源无法比拟的。风景资源的复杂性，主要是由客观世界的复杂性决定的，也与游客的社会组成、心理特点、旅游需求的多样性有关。

（二）分布的区域性

风景资源存在于特定的地理环境之中，是地理环境的重要构成要素。由于风景资源受自然地理和人类社会活动的一般规律制约，所以形成了不同纬度、经度上风景资源的地带性分布特点。即使是在相同的纬度上，由于垂直分布，资源也有差异，再加上在这里生活的人们积累的独特的文化，使得自然风景与人文风景都有着深厚的地域特性。如喀斯特山水风光主要分布在热带、亚热带石灰岩发育地带，而冰雪风光则主要分布在高纬度地带；又如高耸的教堂在西方国家随处可见，而香火旺盛的庙宇大多在东方国家。

（三）生态的整体性

特定地域的风景资源是生态上相互联系、相互依存的各要素共同组合而成的资源体。孤立的景观要素很难形成具有吸引力的风景资源。美需要组合、需要层次，一个地区不同类型、不同层次、不同尺度的景物越多，比例越协调，联系越紧密，就越能显示观赏价值。如一条河流要形成一条风景走廊，离不开两岸的远山近木、水势峰情、飞桥高阁。桂林漓江的美，离不开两岸峭拔挺秀的奇峰、星星点缀的村舍；峨眉天下秀，离不开绵亘曲折的山体和茂密葱郁、种类繁多的植被。所以说，风景资源往往是由多种自然要素甚至人文要素组成的，具有整体性特征。

（四）地域的固定性

其他资源经过开发可以运输到各地利用，比如石油资源、煤炭资源等。但风景资源在地域上是固定的、不可移动的，形成地域上的垄断性，资源地可凭借该特点，发展独具特色的旅游业吸引游客。

自然风景资源是大自然的杰作，是在一定自然条件下形成的，是特定自然环境下的产物，其形态特征、生态环境、旅游功能都是独有且不可移动的（如泰山雄、黄山奇、华山险、峨眉秀、青城幽）。

人文风景资源是人类社会在特定地域环境和特定历史条件下形成的产物，随着时代的变迁、社会生产和环境的改变，凝固在特定的地域，不可移动，也是历史的见证，如万里长城、金字塔等。

当然，在现代经济技术条件下，风景资源在异地可以被仿制，但由于脱离当地的历史和环境，其景观生态不完全，仿制品则失去原有魅力。如微缩景园不可和原物相比，它已变成一个新的风景资源种类；民族歌舞可以在异地上演，但失去了浓郁的地方风情；长江三峡、桂林山水、壶口瀑布等风景资源所依赖的特定地理环境，更无法用人工力量去搬迁或在异地呈现。

二、风景资源的时间特征

（一）季节的变化性

风景资源的季节变化非常突出，表现为风景资源景物随季节变化，显示出不同的景观特征，并影响旅游活动及旅游流的季节变化，从而形成了旅游业的淡季、旺季和平季的差异。

风景资源的季节变化性主要由自然条件特别是气候季节性变化而决定的，同时也受人为因素影响。① 有些自然景色只在特定的季节、时间出现。如吉林的雾凇入冬时才能产生，黄山的云海、瀑布夏季多雨时才能出现。② 同样的景物在不同季节表现出不同特征，如同样一座山，四季之景不同。③ 一些人文景象或活动，如重大的节庆活动、文化活动、体育活动、商贸、会议等仅在特定的季节、时间里出现。例如，巴西每年 2 月举办狂欢节、法国每年年初举办戛纳电影节、我国山东每年 4 月举办潍坊风筝节等。

（二）时代的变异性

不同历史时期、不同社会经济条件下，风景资源的含义不同，因此风景资源具有时代的变异性特征。随着时间的推移，由于人们的审美标准的变化，原有的风景资源可能会失去吸引力，同样也会产生新的符合当下审美需求的自然和人文风景资源。

三、风景资源的经济特征

（一）价值的不确定性

其他资源一般可以计算出它的价值，而风景资源难以用价值衡量，很难说一个风景点值多少钱。这是因为，风景资源的价值随着人类的认识水平、审美需要、发现迟早、开发能力、宣传条件等众多因素的变化而变化。不同历史时期、不同社会经济条件下，风景资源的含义不同，同种风景资源的价值也会不同。

不同的人可从不同角度来评价风景资源的价值，风景资源的价值也会因开发利用方式、开发利用外部条件的不同而不同。例如，一座风景秀丽的山地，既可以用来观光，也可以用来休闲度假、体育登山、疗养等，其经济价值是有差别的。

（二）开发利用的多样性和增值性

一个地区的风景资源，可根据不同时期的社会经济发展要求和可能，进行多目标、多途径开发利用。例如，一个自然、人文风景资源丰富的地区，它既可以利用自然风景资源开发观光旅游、度假旅游、探险旅游，也可以利用人文风景资源开展采风旅游、文化旅游、历史旅游。鉴于风景资源的自身特点和社会需求，不同的旅游开发者对同样的风景资源采用不同的开发战略和利用方式，也会产生不同的社会经济效益。例如，一个宽阔的湖泊，既可作为观光景点，也可作为水上运动中心、水上度假村、水上娱乐城，还可用于航运、渔业，其经济增值也是不同的。

风景资源的价值可分为有形价值和无形价值、现时价值和潜在价值，还可延伸至风景资源开发后所产生的商贸文化价值。

（三）开发利用的永续性和不可再生性

风景资源尤其是自然风景资源，如果开发利用保护得当，可长期反复利用。旅游者通常不能带走风景资源本身，带走的只是对风景资源的认识、印象和感受，风景资源的所有权不会改变，故旅游业可得到长期回报，实现风景资源的永续利用。

但如果保护不当，风景资源就很容易受到破坏，一经破坏则难以恢复。即使人工将其复原，但因毕竟不是原物、原貌，有损原有风景资源的吸引力。如甘肃敦煌莫高窟，游客大量涌入改变了原有环境条件，壁画大受其害。又如秦始皇陵所在的骊山，三国时高 120 米，经 2 000 年风雨侵蚀，目前仅高数十米，由此可见风景资源的易损和脆弱性。

四、风景资源的文化特征

（一）美学的观赏性

风景资源同其他资源最主要的区别是它具有美学特征，有观赏性。旅游动机因人而异，旅游内容丰富多彩，但观赏活动是一切旅游过程中不可缺少的内容，有时甚至是全部旅游活动的核心内容。形形色色的风景资源，既有雄、秀、险、奇、幽、旷的形象美，又有动、静的形态美；既有蓝天、白云、青山、绿水、碧海、雪原的色彩美，又有惊涛骇浪、叮咚山泉、淙淙溪涧、苍莽松涛的声色美；既有建筑景观的造型美、气势美、时代美，又有地方特色菜肴的味觉美、嗅觉美、视觉美。人们常常认为风景资源有观赏价值、科学价值、文化价值，但一直未注意到观赏价值是风景资源的核心成分，而科学价值、文化价值是风景资源价值系统中的附加成分，并非每一种风景资源都拥有科学价值和文化价值。

（二）深厚的文化内涵

风景资源除具有美学的观赏性外，还具有丰富的文化内涵。无论是自然风景资源还是人文风景资源；无论是以自然为主、人文为辅的风景资源，还是以人文为主、自然为辅的风景资源，都有其科学哲理和社会哲理。正是由于这种深层次的文化内涵，才使它对游客具有强烈的吸引力。如高山使人感到雄伟、高原使人心胸广阔、海洋使人坦荡深沉、江河使人心情奔腾豪放。西安碑林是人们研学书法的好地方，万里长城使人对我国悠久历史油然而生自豪之感，丽江摩梭村寨使人领略到纯朴的民风，石林的火把之夜使人感受到生活的无限美好。

旅游作为一种文化经济活动，文化成为旅游的核心。风景资源具有启迪人的心灵、陶冶人的情操、开发人的智力之功能。但应指出，自然情趣作为人们精神享受的一部分，要受到人们文化修养和精神境界的制约。但在某种场合它并不与旅游吸引力的大小成正比，如甲骨文具有很高的历史价值，但它不大能吸引大批的旅游者前去观赏。

思考与练习

1. 风景、景观、园林概念辨析。
2. 风景资源、旅游资源概念辨析。
3. 简述风景资源的空间与时间特征。

第二章

Chapter 02

风景资源的美学特征

本章学习重点与目标

（1）了解从不同角度对美的释义

（2）了解美的特征、中西方自然审美的差异

（3）理解风景资源的美学特征，形成自己对美的内涵的认知，提升自己对风景资源美学价值的判断能力

在讨论风景资源的概念时，就特别强调了风景资源对游客的吸引力。风景资源之所以有吸引力，是因为其有美学价值、科学价值或历史文化价值。尤其是自然风景资源，美学价值是其吸引游客的第一要素。本章主要介绍美学及风景资源美学的主要特征及表现。

第一节　什么是美

人人都爱美，可是什么是美？几千年来，不少哲学家、美学家为了揭开美的奥秘，一直在进行不懈的探索。西方的柏拉图、亚里士多德、车尔尼雪夫斯基分别提出了“美的理念”论、“美的整一”说、“美在生活”等观点；我国的孔子、孟子、庄子分别提出了“尽善尽美”说、“充实之谓美”说、“道至美至乐”说。

古希腊哲学家柏拉图在《大希庇阿斯篇》中，借当时著名的大学问家苏格拉底与诡辩派学者希庇阿斯之口提出了“美是什么”。柏拉图把美作了区分，即“美的东西”和“美本身”，对美的本质进行了提问。在他看来，“美的东西”是个别的现象，而“美本身”才是一般的本质。他把美的研究从感性经验推到了概念和超越经验的领域。然而，美的本质是什么？柏拉图认为：“美是难的。”他反对当时以功利主义与享乐主义的概念来解释，他认为“美是理念”，并建立他的“本体论”美学。

“美是难的”，实际情形也是如此。人们一般可以从感性上把握和领悟美的事物，也可以从理性上说明该事物美的原因。例如，盛开的鲜花、传唱的歌曲等，可以说它们很美，还能具体地说出它们美在哪里，它们能够使人们感到精神愉悦。但当进一步追问能引起我们美感的根源究竟是什么时，我们就会发觉我们并不

真正地了解“美”。

德国哲学家黑格尔说：“乍看起来，美好像是一个简单的概念。但不久我们就会发现：美可以有很多方面。这个人抓住的是一个方面，那个人抓住的是另一方面；纵然都是从一个观点去看，究竟哪一方面是主要的，还是一个引起争论的问题。”尽管古今中外的美学家对美的本质下了难以计数的定义，但关于“什么是美”依然众说纷纭，形成了很多流派。

历史上，众多哲学家、美学家对美学讨论的著作与见解浩如烟海，但还是可以总结为以下三类：第一类是“客观美论”，认为美是纯客观的，人们的审美快感是对客观存在的美的直接、被动的反映；第二类是“主观美论”，把美作为人的主观感受，认为美是由审美意识所创造的；第三类是“主客观关系美论”，力图从主体、客体的关系上来解释美，认为美是客观对象和主观意识相统一的产物。

“客观美论”否定了美的主观性，把美等同于客观事物或客观事物固有的属性，认为美感就是对美的反映的各种美学理论。核心观点是“美是客观的，美在于事物本身，美是独立于主体意识之外的”。“客观美论”又分为两派：一派认为美是物质对象的形式规律或自然属性，如事物的某种比例、秩序、有机统一、黄金分割等，以毕达哥拉斯学派、亚里士多德、狄德罗、车尔尼雪夫斯基、马克思主义美学、现代实验美学为代表；另一派认为美是物质对象体现的某种客观的精神、理式、理念等，以柏拉图、黑格尔为代表。这些从事物的本身去解释美的理论有其合理的一面，表现在具有朴素的唯物主义倾向，抓住了美具有感性形式这一方面，但又是片面的，将美看作与人无关的存在，离开人类社会谈美，是不能解决美的本质问题的。

“主观美论”是指在美学中否定了美的客观性，把美归结为心灵活动产物的各种美学理论。相对于“客观美论”而言，“主观美论”的核心观点是“美不在于物而在于心”。此论于18世纪正式出现，只有二三百年的历史。在近代史上，比较重要的有以克罗齐为代表的表现论、以桑塔耶拿为代表的快乐论、以斯宾塞为代表的游戏论、以弗洛伊德为代表的本能升华论、以李普斯为代表的移情论等。“主观美论”在近代西方广泛传播，是近代西方美学发展的主要趋势，并成为西方美学思想的主导思潮。我们常说的“情人眼里出西施”就是带着个人感情色彩去欣赏，对客体做出符合自身审美趣味的主观评价。“主观美论”否定了美是一切美的对象既有的本质属性，显然违背了人们的审美常识。

“主客观关系美论”认为美既不在物也不在心，而在心与物之间，即主客观的统一。这一流派并不否认甚至明确肯定美不能离开作为其物质载体的对象及其形式，但却认为物质美的决定因素和根源是人的心灵，是人的感情、想象“移入”物质对象或物质对象结构形式表现了人的情感、生命的结果。如德国的立普斯主张“移情说”，认为美是主观情感“移情”“外射”到物质对象上的结果。这种理论作为审美过程的心理描述，确有见地，在相当范围内合乎审美心理的事实。但它建立在唯心主义基础之上，最大的缺陷就是否定了审美对象的客观性；在强调主体因素的能动作用时，忽视了对客体这一外部因素的分析。

尽管两千多年来，众多哲学家、美学家对“美是什么”提出了各种真知灼见，但到底什么是美仍像是“不解之谜”，以至于现代西方的不少人对能否认识美的本质仍持怀疑的态度。“美是难的”只能意会，不可言传。但美的事物和现象存在于社会生活、自然界及艺术之中，人们又是极易感受到的。正如法国哲学家狄德罗所说：“只要哪儿有美，就会有人强烈地感觉到它。”

第二节　美的特征

一、美的形象性

美的事物的第一个特征就是它的形象性。一般情况下，美好的事物都是直观的、具体的，能被人们感知的。能够成为人们观赏对象的自然事物，无论是高山大川、行云流水，还是花草树木、飞禽走兽，都是直接的物质存在，它们分别以各自的物理形态呈现在人们的面前，具有一定的形态，并为人们所感知。例如，人们谈及春天的美，会提到桃红柳绿。桃花在初春时节花蕾绽放，其优美的花姿、绚丽的色彩具有一种浓艳华丽之美；而柳树柔嫩的枝条，随风婆娑起舞的姿态传递着春的信息。春天的美，是通过桃花、柳丝等的形象表现出来的。

在实际生活中，人们在追求社会美的同时，也强烈地追求着艺术美。艺术美就更富于形象性了。艺术对现实的反映，绝非简单的抽象概括，而是寓抽象于具体形象之中，凭借色彩、线条、形体、声音、语言等来造型，从而为人们提供可以具体感受的对象。苏州的园林是美的，造园时灵活运用形体、色彩、声音及其相关法则，调用多种多样的造园手法与技巧，采用概括、提炼的方式，将自然山水进行“移天缩地”式的典型处理，造出峰峦涧谷、流水小溪。在其上配置花草树木，再将亭台楼榭融合在人工创造的山林景色之中，巧妙地安排园林空间，来营造园林的意境。园林的景色使人陶醉，它既是一种客观存在，同时又与人们的审美情趣相吻合，因而被誉为“无声的乐章、无字的诗歌、立体的画卷”。

二、美的感染性

美具有一种悦情悦意，引起人的喜爱和崇敬的独特性质。凡是美的事物，都能使审美主体受到感染，以情感人，以情悦人，使人为之陶醉。具有这种特性是因为美的事物和现象是有表情性、有意义的形象，能吸引人们的注意，给人以愉悦的审美享受，引起人们情感乃至心灵的愉悦反应。当人们感受美的事物时，心中都会洋溢着兴奋和喜悦。

美的感染性是美本身固有的特点。它的来源首先是美有其具体形象，可以作用于人们的感官，调动人们的情思，引起人们的爱慕和追求。在蔚蓝的天空中迎风招展的五星红旗令中国人激动、愉快，凡是热爱社会主义祖国的人，都会无比地热爱五星红旗，看到它，就会自然而然地产生一种勃勃向上的情绪和作为一个中国人的自豪感。又如，当我们在剧院欣赏一出戏剧时，随着剧情的发展，也会自然而然地沉浸在整个艺术的境界之中，关心人物的命运，同他们一起分担欢乐和忧伤。这种强烈的感染力，来自人物与人物之间的情感共鸣。自然界的美，在显示人的本质力量方面，并不像社会美和艺术美那样直接、鲜明。但是，千差万别的自然景象、自然风光展现出大自然的无穷魅力，显示出自然界的勃勃生机。因此，自然美也能够激起人们对大自然深切的爱恋之情。因为其所具有的属性适应了人类生存发展的需要，所以美是对人类自身生活的一种肯定。

三、美的创新性

美来源于人们的实践活动，而人的实践活动带有一定的创造性，人的本质力量是积极的、向上的，因而美必然会同人类社会的进步相联系，美本身也处于历史发展之中，充满着生机和新颖性。

美的创新性特征在社会美和艺术美中表现得尤为突出。人类的历史是不断向高级社会形态发展的过程，这一历史过程是永远不会完结的。不论历史的进程多么曲折，人类社会绝不会永远停留在一个水平上。当然，随着历史的前进和人类改造自然能力的日益增强，人类自身及其生活在一天天美化。人的实践活动创造了美，反过来美以直观的形象反映着人的创造。人的实践活动是社会的、历史的、具体的，这就决定了美也必然是社会的、历史的、具体的。在不同的社会和时代，美的创造呈现出种种不同的状况。

在人们的生活中，广泛存在着美的事物和现象，愉悦着人们的精神。随着社会的进步、科技的发展，人类的视野也在不断扩大，人们对于火山、海底、峰巅、高空、极地，以至月球、宇宙世界、生物体内、微观世界等领域，越来越多地倾注注意力，开始欣赏荒凉的沙漠和充满惊涛骇浪的大洋，甚至对地球极地的征服，去太空漫游，也会逐渐地成为人们的旅游活动。

第三节　自然审美观

自然美是指客观事物的美，即能够引起人们审美愉悦的自然物的生动形象。例如，浩渺无垠的星空、汹涌澎湃的大海、逶迤的山峦、奔腾的江河、瑰丽的色彩、生动的形态、动听的旋律、神奇的变化等。自然界正是以其感性特征直接引起人们的美感，人们在欣赏自然风光时，无不赞叹大自然的鬼斧神工。大自然的迷人风光，激起人们的种种情思。登泰山极顶“一览众山小”，激起人们奋发向上的豪情；上岳阳楼望洞庭“衔远山，吞长江，浩浩汤汤”，联想到“先天下之忧而忧，后天下之乐而乐”的忧国忧民的思想；登龙门俯瞰“五百里滇池，奔来眼底”，让“数千年往事，注到心头”。

一、我国自然审美观

把自然山水作为审美对象，在中国经历了一个长期演变的发展过程。

远古时代，由于生产力水平低下，人类几乎没有战胜自然的能力，因而先民们既感激青山绿水的养育之恩，又畏惧险山恶水的巨大威胁，只好在敬畏心理的驱使下对高山大川虔诚祈祷、顶礼膜拜。

春秋战国时期，中国人摆脱了对自然山水的畏惧心理，转向亲近自然、热爱山水，并将自然山水的品性与人的道德精神联系起来，进入所谓“以山比德，以水比智”阶段。孔子曾云：“知者乐水，仁者乐山”，以道德眼光去寻求人与自然山水内在精神契合的审美观。

汉魏六朝时期，人们开始以隐逸的心态寄情于山水之间，追寻“畅神”境界，开始欣赏山水本身那千姿百态的自然美，爱好林木、纵情山水在当时蔚然成风，“穷诸名山，泛沧海”“江南倦历览，江北旷周旋”成为人们追求的目标。

到了唐宋时期，中国人的山水审美活动达到高峰，李白“一生好入名山游”的诗句几乎成了洋溢着时代精神特征的响亮口号。从王维、李白、柳宗元到苏东坡、王安石和黄庭坚，无不穷尽名山，浪迹天涯，完全摆脱了前代人那种“以玄对山水”的羁绊，转而以形写神，直抒胸臆，表现出热情奔放、欢快激荡的审美风格。

李白可以说就是名山大川自然美的化身，他的山水诗歌给人以大山大水雄伟豪放的美的享受。柳宗元则善于在静静的小山小水中寻觅自然美。他的游记对后世自然风景的审美的发展有很大影响。

苏东坡一生颠沛流离，但他热爱山水，赞颂名山大川的著作有多篇。他的“水光潋滟晴方好，山色空蒙雨亦奇。欲把西湖比西子，淡妆浓抹总相宜”是对西湖自然景观审美的登峰造极之作。他不仅对自然审美做出了重大贡献，而且亲自带领百姓先后疏浚建设过三个西湖，即杭州西湖、颍州西湖和惠州西湖，今杭州西湖的苏堤和惠州西湖的苏公堤就是为纪念苏东坡而命名的。他创造性地把水利工程与建设山水风景结合起来；他不仅游览名山大川，还为考察研究山水科学做出了贡献，他所著的《石钟山记》便是一例。

宋、明时期，山水美学与风景区建设在理论和实践上都达到很高水平，并且出现研究名山大川成瘾、探索名山大川科学价值的科学家和理论成果。宋代的博学家沈括和明代的地理学家徐霞客是其中的代表性人物。

沈括是宋代杰出的博物学家，也是足迹踏遍南北的旅行家，“凡所至之处，莫不询究”。他游览雁荡山时，仔细考察雁荡山的奇峰怪石，在《梦溪笔谈》中记载了“皆峭拔险怪，上耸千尺，穹崖巨谷，不类他山，皆包在诸谷中。自岭外望之，都无所见；至谷中则森然干霄”。由此推测：“当是为谷中大水冲激，沙土尽去，唯巨石岿然挺立耳。如大小龙湫、水帘、初月谷之类，皆是水凿之穴。”沈括对自然景观的时空变化给予了科学解释，使名山大川闪耀出科学的光辉。

徐霞客，名弘祖，字振之，生于明朝末叶。徐霞客是一位伟大的旅行家、地理学家，也是一位山水美学家。他对名山大川风景资源的科学考察以及美学上的评价是前无古人的。他不仅指出名山大川的美学特征，而且探求其科学成因，堪称中国风景科学的奠基人。他用一生心血撰写而成的《徐霞客游记》，是一部极为宝贵的文献。

二、西方自然审美观

在西方文化传统中，自然主要是被当作与人文世界相对立的另外一极来看待的，强调自然与人的分离是其基本倾向。

古希腊时期，人们认为自然是本来如此的存在整体，它像生物一样是有机体，拥有智慧，并且在其智慧的支配下做有规律的运动。古希腊哲学对自然的研究，目的不在于对自然现象进行抽象本质方面的演绎，而在于揭示自然的本性，使其本身的存在价值得以显现。在此基础上，古希腊文化展示出了关于自然审美价值的原初看法。

毕达哥拉斯学派仰观星空，面对浩渺宇宙中万象森然的星系运转惊叹不已，于是他们展开了对外在宇宙星象的详细观察和深入研究，以为自然宇宙就像一个灵巧的有机生命体，它在自身灵明和智慧的引导下和谐有序地运转。在此，有序的轨道、和谐的形式，使人惊讶和称羡，给予人最原初的感受。所以，毕达哥拉斯学派提出了美是“数的和谐”的观念，认为大小不同、速度各异的天体之间保持着适当的比例关系，处于一种和谐的运动状态之中，并且在和谐的运动过程中造就了和谐的声音，此即“天体音乐”，尽管我们的耳朵听不到，但是仍可以感受得到。在此，整个宇宙就是一个和谐的大合唱，它不但在形式比例关系方面整体有序，令人叹为观止，而且还造就了一种大音希声的美。以上毕达哥拉斯学派的学说体现了西方文化源头时期关于自然美的看法。

在基督教成为文化轴心的中世纪，人们对自然的看法发生了变化，自然不再是有独立价值的有机存在。

近代以来，随着宗教神学的衰落和自然科学的发展，一种新的自然观开始兴起并逐渐占据主导地位，这便是伽利略以来，以牛顿为代表的机械自然观。

在牛顿的自然科学背景下，自然被认为是一架有序的机械，具有明确的规律和秩序，它按照万有引力的方式永恒如斯地运转，同时也是一个由物质堆积起来的整体，具有同一的力学本原，整个自然世界呈现出一幅简明和谐的宇宙图景。但是，这个自然世界的规律和秩序却是被自然之外的精神赋予的，本身不具备精神属性，从根本上说它是一个等待着被人研究和探讨的对象，离开了人的观照，它的价值无从谈起，正如离开了人，万有引力定律就没有办法被揭示出来一样。这种观念的进一步发展造成了这样的后果：自然世界成了技术主宰的对象，成了生产和加工的原料和场所，进一步成为满足人的欲望的工具。在此自然观的基础上，人们对自然审美价值的认识有了新的表现。自然世界虽然是自在的、没有意识的，但当它渗透了人的精神、与人的心灵发生关系、显出人的自由和心灵的时候，就可以展示出其审美价值，成为美的自然事物。

德国古典美学的代表人物黑格尔关于自然美的观念是近代以来的典型代表。在他看来，不同的自然事物，从无机物到有机物，从植物到动物，由于能够在不同程度上彰显人的精神，启迪人的心灵，所以会展示出不同程度的审美价值。黑格尔在《美学》中这样阐释自然美："有生命的自然事物之所以美，既不是为它本身，也不是由它本身为着要显现美而创造出来的。自然美只是为其他对象而美，这就是说，为我们，为审美的意识而美。"由此可见，自然事物的美显现人的自由心灵，具有积极的意义。但是，近代以来以黑格尔为代表的自然美观念却显示了很强的歧视自然美的态度。在上面这句引文中，可以很明显地看到，自然美并不是独立的，它虽然在一定程度上显现了人的自由，但仅仅是在非常次要的程度上的显现。在黑格尔看来，只有由人创造的艺术才能以感性的方式充分地显现自由的心灵，自然美与艺术美相比，显得尤为低级。黑格尔对美的经典定义是"美是理念的感性显现"，那么，自然美就是理念的感性显现的低级形态。按照这种观念，自然美的价值就备受质疑，成为美学研究里一个无足轻重的对象，而由人所创造的艺术则举足轻重，甚至美学的研究对象整体上由艺术占据，美学成为艺术的哲学。在此之后的西方现代美学中，自然美一直得不到重视，与这种理论背景有很大关系。

在西方的近现代美学史上，有两大思潮非常重视自然美的价值，即浪漫主义和生态主义。

浪漫主义时期，出现了回归自然的口号。自然世界成了人们反拨现实、摆脱理性崇拜，乃至躲避虚假文明的场所。在这一时期，人们发现，自然世界并不是自然科学和工具理性下被宰割的无生命的对象，它本身就是一个有生命和灵魂的整体，它时刻处于变化之中，不是僵死的机械存在，像人一样具有喜怒哀乐，并且它和人的情感世界内在相通。只不过在工业社会中，由于科学和理性的压倒性地位，阻断了人与自然的交流。浪漫主义文艺家发掘出了一个充满生机和力量的自然，把它视为理想的世界，并通过文学想象尽情讴歌它，通过艺术作品竭力捍卫它。也正是在一系列浪漫主义的文学诗歌和艺术作品中，自然世界展示出了其瑰丽斑斓的美。

生态主义是20世纪末叶出现的新兴思潮。它对现代世界的影响越来越重要。生态主义的观念与西方主流文化传统截然相反，这鲜明地体现在人类中心主义被生态中心主义所取代。具体到自然观来看，就是人与自然的关系发生了质的变化。

西方传统主流文化是一种人类中心主义的文化，在这样的文化传统中，人是中心，自然处于外围，如果自然有价值的话，那它只能够在人的观照和介入下才能显示出来，如果自然具有审美价值的话，那一定是人张开了审美之眼发现了自然的美，或者自然启迪了人本来就有的自由心性。这种人类中心主义的自然审美观在德国古典美学那里被发挥到了极致，相应地，自然美也被贬损到了极致。前面谈到黑格尔的美学极力贬低自然美，就具有这方面的深层原因。在他看来，审美领域中能够最大限度展示人的心灵自由的，就是最美的。艺术美恰恰具有这方面的品质，它由作家发挥想象，完全凭借自己的构思整合材料，造出现实中没有的形象，这都较充分地显现了人的自由，所以具有最高的审美价值。相反，自然审美过程中，自然事物的构成是已经摆在眼前的既成事实，它不像艺术品一样由人创造，不能充分地表现人的自由，审美价值较低，所以在美的序列里它位居末端。

生态中心主义则坚持以为，自然生态具有自身的价值，它不因人而转移，并且人是自然生态中的一员，自然生态的价值优先于人的价值，人的价值尺度并不是至高的和唯一的，这样一来，就打破了人类中心主义的神话。

至此，西方文化史上自然的价值空前地得以张扬，自然的审美价值也得到了重视，自然美也成为美学研究的一个重要理论话题。在此背景下，英美学界兴起了环境美学，环境美学批判了传统美学对自然美的忽视，把研究的重心放在了自然美话题上，从哲学层面深入阐发了自然的审美价值，并对自然美做出前所未有的正面肯定。其中一种“肯定美学”的观念甚为流行，持这种观念的美学家以为：凡是自然的，都是美的，“自然全美”，而且这种美没有等级之分，只有风格类型方面的差异。

自然中的所有东西都具有全面的肯定的审美价值，“自然是美的，而且不具备任何负面的审美价值”；并且，自然物所具有的肯定的审美价值没有等级高下之分。这是一种尽可能把人排除在外、站在纯粹自然的立场上对自然美进行全面肯定的观念。它一方面维护了自然美的纯粹性和必然性，值得肯定，另一方面却剔除了自然美的所有社会文化历史内涵，失之偏颇。

总体上看，西方美学中有关自然美话题的探讨，大都具有主体哲学的背景，主体哲学秉持二元对立的基本思维方式，人与自然世界对立而持，人是积极能动自由的主体，自然是被动死寂无助的客体，无所谓价值，如果自然具有审美方面的价值，那它一定是由具有自由理性的人来赋予的。在这种人与自然二元分离模式基础上形成的自然美观念，只有到了晚近时期生态美学的兴起才发生了较大的改变。

第四节　风景资源美的表现

一、自然山水之美

人们对名山大川的认识和利用，从早期的敬畏、崇拜到现今的审美、科学教育，经历了很长的历史时期。中国人在自然山水的审美历程中积累了丰富的经验，形成了中华民族特有的山水审美感受。美感和审美都属于主观意识，是因人而异的。不同时代、不同阶级、不同民族、不同文化素养的人，往往是不尽相同的。但从总体上看，也有基本相同的美感，例如古今中外，凡游历过桂林的人，无不盛赞“桂林山水甲天下”。可见，人们对山水自然美的认识，是存在共性的。至于具有 5 000 年文明历史的中华民族，对于名山大川自然美的共识就更多，已形成对山水自然美的传统看法。

自然山水之美包括形象美、色彩美、动态美、听觉美、嗅觉美、线条美、静态美等。其中形象美是名山大川自然美的基础。

（一）形象美

形象美，是指名山大川自然景观总体形态和空间形式的美。从古今诗人、画家、旅行家、游客等对我国传统名山大川自然美的评价，以及在现代地学考察工作的基础上，可将山水自然美概括为雄、奇、险、秀、幽、奥、旷等形象特征。这些形象特征是由各名山大川的地貌、植被、水文、气候等构景要素在不同的地质、地理环境中形成的总体特征，即各名山或大川的宏观势态。

“雄”主要指山岳形体的高大形象。高，是指相对高度，如“泰山天下雄”，是因泰山位于华北平原的东缘，其相对高度较高。它以磅礴之势凌驾于齐鲁丘陵之上，显得格外的高大雄伟。山的体量宏大，坡度陡峭，线条挺拔也是构成雄伟形象的要素。又如一座百米高、坡度为 50° 的山，与另一座高千米、坡度仅为 20° 的山相比较，由于坡度大、观景仰角大，其视觉效果要比后者更为雄伟。

“奇”是指山水的景观形态非同一般，大有出人意料、异乎寻常之感。人称“黄山天下奇”，奇在山石、苍松、云海、水泉等构景要素的变幻莫测，“不类他山”。黄山奇峰叠嶂连云、劈地摩天，千米以上山峰有 72 座之多，高低错落、变化无穷；黄山奇石造型别致、千姿百态；黄山奇松盘根虬枝，或悬结于危岩、或于峭壁破石而出，苍郁挺拔；黄山云海缥缈多变、静似雪海、动如狂涛；黄山温泉经年喷涌、不涸不溢，为游人沐浴解乏提供了极好的条件。石、松、云、水巧妙结合，构成层出不穷的奇观。

“险”一般是指具有坡度特别大、山脊高而窄、悬崖深谷、峭壁凌空这些特征的险峻景观。常言“自古华山一条路”，就是说华山的山势之险峻。鸟瞰华山，犹如一方天柱，拔起于群山之中，四壁陡立，形同斧劈，坡度达 80° ～ 90°，峰顶与谷底高差上千米。其主峰海拔 2 000 余米，游人登顶必须手攀铁索，经“千尺幢”“百尺峡”“苍龙岭”“擦耳崖”“上天梯”等险径，才能到达顶峰，领略其无限风光。险峻不但给游人以美感，而且激起人们探险的好奇心和征服险峰的决心。历险的过程就是磨炼意志的过程。因此，险峰往往是名山中最吸引人的景点，绝大部分名山都有自己的险峰。

“秀”丽的山水，需具备三个条件：一是山体丰满，起伏和缓、别致，轮廓线条柔曲优美；二是有优良的生态环境，植被覆盖率高，山石、土壤很少裸露，色彩葱绿，生机盎然；三是流水潺潺，清泉汩汩。我国南方雨量充沛，植被繁茂，景观都以秀色著称，如峨眉之雄秀，西湖之娇秀，富春江之锦绣，桂林、雁荡、丹霞之奇秀，等等。

“幽”景常以崇山深谷、山间盆地，或山麓山岙为地形基础，辅以参天乔木构成半封闭的空间。幽景视域窄小，光量少，空气洁净，景深而层次多，有迂回曲折之妙，无一览无遗之弊。幽与深、幽与静都是密切相连的。所谓曲径通幽，就是指幽景包含深与静的因素。这种景观常见于三面或四面环山、一方或二方出口的小盆地，尤以出口朝南为最佳。出口朝南符合我国的季风气候，即冬挡西北风，夏迎东南风，就是古代的东青龙西白虎、南朱雀北玄武的风水宝地。这些宝地往往都是名山大川之中筑寺庙、建书院的理想之处，如五台山的台怀镇、峨眉山的伏虎寺、天台山的国清寺、庐山的白鹿洞书院等。

“奥”是比幽景更为封闭的景观。其四周崖壁环列，通道似岩隙，曲折而出，深如井底；或是洞穴景观等。武陵源奇峰拔地，深谷如渊，沿金鞭溪及其支谷游览，有如深渊探秘，处处都被数百米高的峭壁悬崖、壁立奇峰所围，加之丰茂的植被，非中午时分，不见天日，真可谓天下奥区。又如，雁荡山的灵峰观音洞、武夷山的茶洞，以及众多石灰岩溶洞，都给人奥秘莫测之感。

“旷”景主要分布于视野开阔的区域，如呼伦贝尔草原。旷，有平旷和高旷之分。平旷景观，常见于宽阔的水面，或一望无际的平原。如“孤帆远影碧空尽，唯见长江天际流”，就是浩荡大江之旷景。“八百里洞庭水浩渺”“五百里滇池，奔来眼底”都是平旷景观。高旷，则是登高山而得，如登泰山之巅，有“一览众山小”的景观。旷景令人心旷神怡、神思浩荡，发人遐思畅想。

古人对名山大川景观形象的评价很多，如泰山天下雄、黄山天下奇、华山天下险、峨眉天下秀、青城天下幽等。这都是指各名山的总体特征。事实上，每座名山大川，在它的总体形象中，也都包含雄、奇、险、秀、幽、奥、旷等基本形象特征。如泰山，雄伟之中还包含险、秀、奇、幽、奥、旷等特征。

自然山水的形象特征都是在漫长的地质演变、地貌发育、生态演化过程中形成的。它按自然的节奏和韵律组成一个丰富多彩的美的空间综合体。这些基本形象特征不是孤立的，而是彼此有机地联系和变化的，就像音符可组成无穷的乐章。

（二）色彩美

大自然不仅为我们塑造了高达千仞的凌云高峰、小至方寸的玲珑巧石、波涛汹涌的江河大海、涓涓细流的清泉小溪，展示其丰富多彩的形象美，而且还提供绚丽多姿的色彩美。图 2-1 是内蒙古自治区的额济纳胡杨林，是秋季观叶的好地方。自然景观色彩可分山色、石色、天色、水色和植物色等。

山色，指山体的混合色、调和色，近山绿而远山蓝，渐远渐淡，层次分明，直至天边。

石色，是相对稳定的色彩，深沉而凝重，细看则十分丰富。如红色砂岩构成的碧水丹山的武夷山、青色的石灰岩构成的路南石林、色彩斑斓的变质岩铺就的泰山桃花峪彩石溪、黑色玄武岩构成的峨眉山牛心亭的“牛心”，等等。

天色，素以蓝天白云为佳景。然而，在名山以天色取胜者不仅如此，如泰山日观峰观旭日东升，霞光万道；在黄山排云亭看夕阳西下、落霞满天等，都是天色佳景。唐代诗人王勃的《滕王阁序》中的名句“落霞与孤鹜齐飞，秋水共长天一色”，则是指天色、水色交相辉映的美景。

图 2-1　额济纳胡杨林

水色，水本来是无色透明的，然而

在不同的地理环境中，由于所含矿物质及洁净程度的不同，而产生丰富的色彩。黄河因含沙量大，成为世界上特有的黄色巨流，在阳光下金涛滚滚，蔚为奇观。金沙江的白浪、富春江的碧波，都以不同的色彩给人留下深刻印象。九寨之水天下美，不仅是九寨的水具有湖、溪、潭、瀑等形态上的无穷变化与组合，而且九寨之水美在洁净，动则浪花如飞雪溅玉，静则碧如宝石。更奇的是水中含不同矿物质，使得九寨之水在透明中呈现五彩缤纷、晶莹艳丽之美景。至于碧蓝无垠的大海和汹涌澎湃的海涛，更使人思潮迭起。

植物色，植物的色彩主要体现在花和叶上。植物花朵的颜色有的单纯明丽，有的复合多彩，有的清新素雅，有的浓烈艳丽、五彩缤纷、千娇百媚。植物叶大都呈绿色，但不同的绿叶又有不同的韵味，如水仙的嫩绿、竹的翠绿、柳的碧绿等风采各异。至于“红于二月花”的枫叶更别有情趣。

（三）动态美

动与静是相对的，如“船上看山如走马，倏忽过去数百群”，这是苏东坡泛舟观景所得的动态美感。

宇宙间万物都在不停地运动，山也随着地壳的变化运动着，只是人们在山水审美瞬间，山、石是静止的，而水却是运动的。因此，水是自然景观中最活跃又较稳定的动态构景要素。水是山的血脉、生命之源泉，故有水能使山活之说。水的景观形态多样，有相对静的湖与潭，不停流动的溪水、大江以及瞬息万变的飞瀑、狂涛等。山中观瀑，远望如匹练垂空，似静态；近观飞瀑，如狂飙落九天，为动态。汹涌奔腾的长江，赋予三峡惊心动魄的美感。贵州黄果树瀑布、钱塘江大潮等，都是具有动态美的景点。

流云飘烟，自深谷冉冉升起，峰峦在云雾中时隐时现，风起云动，云飘似山移，构成“山在虚无缥缈间”的意境，这也是自古以来山水审美中的动态美。云烟是不稳定的动态美要素，科学地分析景区的气候特征，就能掌握其一般规律，捕捉云烟美景。云烟比水更富变化，它时而如大海波涛，汹涌翻滚，时而悠然飘逸，徐徐从你身边掠过。置身其间，宛若“仙境”，如作“云游”。

风是无形的，但它能驱动浮云，掀起波澜，摇拂柳枝，激发松涛……风是产生动态美的一种动力，为自然山水增添活力。

（四）听觉美和嗅觉美

山水的形象、色彩、动态之美，使游人从大自然获得视觉美，名山大川还赋予人们听觉美和嗅觉美。人们习惯用鸟语花香来形容它们。瀑落深潭、惊涛拍岸、溪流山涧、泉泻清池、雨打芭蕉、风起松涛、幽林鸟语、寂夜虫鸣等，都是组成自然交响曲的音符。对于久居喧闹城市的人们，能亲耳听听黄山的松涛、九寨沟的飞瀑流泉、峨眉山万年寺的“弹琴蛙”的奏鸣、普陀山潮音洞的大海涛声；亲自闻一闻井冈山桂花坪的桂花飘香……无疑是一种极大的享受。

二、动植物之美

动植物之美主要表现在形色美、珍稀美、奇特美、嗅味美等方面。

（一）形色美

形色美是指动植物的形体、色彩等美学特征。

植被的色彩是生命之色，最富有情感，色彩最为丰富，如白的玉兰、粉的桃花、紫的丁香等，五彩斑斓、夺目绚丽。其中以绿色为基调，绿色为生命之色，是植物的基本色彩，也是绝大多数风景区的主色调。绿色基调再配以五彩缤纷的鲜花，从而成为人们欣赏的对象。我国不少名山大川都有自己的特产花卉，如云南苍山的山茶花、峨眉山的高山杜鹃花、广西左江的攀枝花（木棉花）等。内蒙古自治区的额济纳胡杨林、北京天坛公园的银杏（图 2–2）、加拿大秋天的枫叶林，在秋天里以色彩取胜，成为人们赏秋的对象。而“黄山松”则以形态奇美著名，有“迎客松”“送客松”等，多以姿态得名。

植被随着四季交替，呈现季相变化，即所谓“春翡夏翠秋金冬银”的四季植被景色。

动物也一样有形色美。不同的动物因地理位置、气候带的不同以及生活习性的差异，显示出不同的形体特征。美洲的巨嘴鸟，是世界上嘴最大的鸟类；古巴蜂鸟，其成年公鸟平均翼展长 2.82 厘米，体重仅 1 克，是世界鸟类中的“侏儒”；我国的麋鹿，其尾巴似马非马，角似鹿非鹿，蹄似牛非牛，颈似骆驼非骆驼，被称为“四不像”。另外还有火烈鸟，其羽毛似火一般美艳，孔雀、大熊猫也都具有形色美。

图 2–2　北京天坛公园的银杏

（二）珍稀美

“物以稀为贵”，同理，动植物越是珍稀，就越有观赏价值。

动植物的珍稀性可以分为两种情况：

（1）物种种群数量有限：动物如金丝猴、大熊猫、树袋熊等；植物如金花茶、银杉、桫椤、珙桐、水杉、人参、望天树、秃杉等。

（2）物种数量不少，但分布范围狭小，或成为某地的特有品种：如袋鼠、树袋熊、大熊猫等，只在特定的区域生活。

这些珍稀动植物集保护价值与旅游观赏价值于一身，往往引起旅游者的游览兴趣。以下列举几种珍稀动植物。

图2-3　王莲

王莲（图2-3）是热带著名水生庭园观赏植物，具有世界上水生植物中最大的叶片，最多可承受六七十千克重的物体而不下沉。

水杉是“活化石”树种，树姿优美，为庭园观赏树，是秋叶观赏树种。在园林中最适于列植，也可丛植、片植，可用于堤岸、湖滨、池畔、庭院等绿化，也可盆栽，还可成片栽植营造风景林（图2-4），

图2-4　水杉风景林

并适配常绿地被植物；也能栽于建筑物前或用作行道树。

珙桐（图 2–5）为世界著名的珍贵观赏树，常植于池畔、溪旁及疗养所、宾馆、展览馆附近，有和平的象征意义。

大熊猫一直都是动物园里的明星，成都大熊猫繁育研究基地也是国家 AAAA 级旅游景区。

图 2–5　珙桐
图片来源：纳雍县人民政府网

几维鸟（因叫声“keee-weee”而得名）长得像一只毛茸茸的猕猴桃，是一种没有翅膀没有羽尾的奇怪小鸟，一生只能在地面行走，是新西兰的国鸟。

（三）奇特美

动植物的奇特美包括以下几个方面。

（1）“奇特”是相对于某一自然生态环境下的旅游者而言的，如澳大利亚的袋鼠、树袋熊等有袋类动物，只分布在澳大利亚大陆，对其他国家的人来说，这些动物就具有奇特性。

（2）“奇特”也指地球上绝无仅有的某一特征，如最高、最快、最大等。我国云南的独叶草，仅有一片叶子，是世界上最孤单的植物；南极洲的企鹅，滑雪速度达 30 千米 / 时，是世界上滑雪最快的鸟等。

（3）“奇特”也可指动植物的一些奇异的生理、生态现象，如索马里的太阳鸟——小红鸟，它飞到树枝上展翅或使劲抖动羽毛时，即预示着要下雨了；美洲的角蟾，在遇险时，能从眼里喷出鲜血。

（四）嗅味美

许多植物的茎、叶、花、果能发散独特的香味，使旅游者获得新奇的感受。如非洲坦桑尼亚的木菊花，其花瓣味道香甜，摘一瓣品尝，能让人很快醉倒，被称为醉花；还有许多植物因香味而得名，如晚香玉、夜来香、七里香等。这些具有香味的植物在美化环境的同时，也以其特有的香味带给旅游者以嗅味美的享受。

三、气象之美

气象之美是指天气中风、云、雷电、雨雪、霜雾、光象等各种状态和现象之美。

气象之美往往依托其他自然资源，如海上日出、黄山云海、吉林雾凇等都是气象资源与其他自然资源的叠加，具有组合美。

天气的变化阴、晴、雨、雪都赋予大自然不同的色调，使审美者产生不同的情感感应。洁白无瑕、银装素裹的雪景，历来是诗人、画家咏赏对象，也是旅行家难得一见的景观。徐霞客初登黄山，就遇“石级为积雪所平，一望如玉”的美景。我国青藏高原的雪山冰峰高耸于湛蓝的碧空之中，构成神话般的境界，深深地吸引着中外探索者。现在，四川的贡嘎山、新疆的天山天池、云南的玉龙雪山等均已成为国家级风景名胜区，吸引着中外游客。

风是无形的，但却是产生动态美的一种动力，它能驱动浮云、掀起波澜、摇拂垂柳、荡出松涛，是运动和力量的象征。人能用多种感官来感受风的各种形态的美。“春风又绿江南岸，明月何时照我还”“风急天高猿啸哀，渚清沙白鸟飞回”，风随时随地都会引发人们的美感。

云常与风并存。“大风起兮云飞扬”“风云会际”，可以说风是云的骨，云是风的肉。“云无意安排，布局皆精品”，尤其是夏天的云，因地面水汽蒸发，天上的云常呈现出崇高的形象，且极富变化。怀素“以夏云为师”留下千古不朽的草书精品。云的美既可作为点缀，又可用以遮掩。“孤云长自闲”，作为点缀的云，悠然自得地在天际徜徉，是人类自由的象征；“白云生处有人家”，作为遮掩的云，意味绵长悠远，诱人想象。淡云薄雾常给山岳敷上一层调和色，使群山的色彩变得柔和、淡雅、协调。晨雾晓烟如薄纱，遮盖了一些繁杂的山石和枝叶，增添了峰峦的整体感，使重叠的峰峦层次分明，显得更深远。如桂林的石灰岩峰林景观，近看不如远看，逆光胜似顺光，若绕以淡云薄雾，则最为美妙。我国南方湿度大，雨雾多，在雨绵绵、雾蒙蒙或晨曦朝晖、夕阳雾霭中，则别有佳景，独具风姿。

雷电是云层放电时发生的声光现象。雷电以其威猛无比的特性而成为自然景观中壮美的典范，给人以强烈的震撼。无论是在远古的蒙昧时代，还是在今天的科学时代，人类都把雷电想象为正义的化身。龚自珍的“九州生气恃风雷”将社会昌明的希望寄予雷电。屈原的一串“天问”把雷电期盼为惩恶扬善的利器。高尔基那只作为革命精灵的海燕在雷电中也显得越发矫健。

雨让人愉快，首先在于它是生命之泉。雨露滋润，给草木带来生机，为万物增添活力。在感觉中，雨水的质感柔和，适宜人体肌肤的感受；雨的温度令人清醒；沥沥雨声衬托出环境的静谧。雨与人的和谐奠定了其美的基础。雨是线的艺术，那些自上而下、或粗或细、或密或疏的直线、斜线、重力线、亮线激起人的提升感和亢奋感。而未成线的朦胧雨意使自然景观幻化得更加秀媚。如江南早春的“烟雨迷蒙”、峨眉道中的“空翠湿人衣”便由此而成别具一格的美景。

“瑞雪兆丰年”是农耕业的经验积淀成人类与雪的审美关系的诠释。雪的个体是优美的。雪花匀称和谐的放射状结构，晶莹洁白的色彩，易溶易碎的脆弱质地，都使其显得玲珑娇美，惹人怜爱。而雪的整体又是壮美的。“山舞银蛇，原驰蜡象”“忽如一夜春风来，千树万树梨花开”。白雪能够把美丑混杂的现实世界，装扮成圣洁的童话王国，令人神清气爽，满怀豪情。

大气中的光都源于太阳。日光有时与云气交互作用，在天空为霞、为虹，在山上为岚，在谷中、平地为雾、为佛光。光象美变幻莫测、扑朔迷离，引起人无尽的审美想象。此外，凝结在枝头、瓦上的洁白的霜花，弥漫在空中，把山川草木笼罩成一片朦胧的雾气，也都各有其美。总之，气象之美内涵丰富，富于变化，可谓“气象万千”。

思考与练习

1. 在学习了不同的美的释义之后，谈谈自己对“什么是美”的理解。
2. 比较中西方自然审美观的差异。
3. 自然山水的美主要体现在哪些方面？
4. 动植物各有什么样的美？

第三章

Chapter 03 地貌风景资源

本章学习重点与目标

（1）了解地貌风景资源的概念、类别、特征、功能

（2）理解不同地貌风景资源的细分类别、景观特征、空间分布

（3）了解不同地貌典型的风景资源地

（4）学习典型地貌风景资源地景观规划开发的原则、策略、空间布局及关键节点的景观设计，提升独立思考、自我判别的能力

第一节　地貌资源概述

自然风景资源中，除了气象气候等自然资源外，绝大部分风景资源的形成有赖于地质地貌条件与环境，地质地貌是构成自然风景的基本骨架。例如，没有构造节理强烈发育的花岗岩及其地貌，也就没有黄山的怪石和温泉；没有地壳变动的断块隆起，就无法形成雄伟、奇险的泰山、华山、庐山等山地景观；没有地壳变动的构造断陷，也就不可能产生青海湖、鄱阳湖、贝加尔湖等断陷湖泊旅游区。桂林山水、路南石林、武陵源峰林、长江三峡、天涯海角、黄果树瀑布、钱塘涌潮、济南泉水、五大连池等誉满全球的风景区，都与该地的地质地貌条件有密切联系。

因此，由上述事实不难看出地壳运动和地质作用对地表形态作用的重要性。要弄清地质地貌形成的条件，有必要对地质学的一些基本理论有一个初步的认识和了解。

一、地球构造

地球具有一定的圈层构造，其固体部分可分为地壳、地幔和地核三个主要圈层；外部有大气圈、水圈和生物圈。

（一）地球的外圈

1. 大气圈

大气圈是地球最外面的一个圈层，它位于星际空间和地面之间，由包围在固体地球外面的各种气体构成。据调查，在地面以下的土壤和一定深度（一般不超过 3 000

米）的岩石中也含有少量空气。大气的主要成分有氮、氧、氩、二氧化碳及水蒸气，这几种气体占空气容积的 99% 以上，其他气体的含量极少。此外，大气中还含有少量尘埃微粒等。大气的温度和密度随高度不同而变化，因而具有沿垂直地面方向的分层现象。按世界气象组织的规定，大气层自下而上可分为对流层、平流层、中层（中间层）、电离层（暖层）和扩散层（散逸层），其中对流层和平流层对地面的影响较大。

2. 水圈及水的循环

水圈由地球表层连续的水体组成。组成水圈的水体包括海洋、河流、湖泊、沼泽和地下水等。水圈的存在是地球与太阳系其他行星的主要区别之一。近 97% 的水量集中在海洋里，其次为极地的冰盖和高山上的冰川，约占总水量的 1.9%，其余为地下水和分布在陆地上的河流、湖泊、沼泽等中的各种水体。地表水体，因不断获得太阳辐射能量而时刻都在运动着，每年以雪、雨等形式降落至大陆上，其中 60% ～ 80% 的水以蒸发和叶面蒸腾等形式重返大气圈，余下的部分水则渗入地下或以各种形式留在陆地表面。地面水体（河流、冰川等）和地下水都具有从高处向低处流动的特点。它们在流动过程中，会不断侵蚀、溶解地表岩石，并把被破坏的物质带到海洋、湖泊及其他低洼地带，这些物质沉积下来可以形成新的岩石，而这些作用又塑造了地球表面的地形形态。

3. 生物圈

生物圈是由生物及其生命活动的地带所构成的连续圈层。

生物主要生活和分布在陆地的表面和水体的上层，但在某些深海底部和大气中也有生物存在的迹象。生物的新陈代谢等活动，可对地表岩石进行风化和破坏，是改造地表面貌的重要动力之一。

（二）地球的内圈

据地球物理学科研究的成果显示，地面以下存在着两个明显的地震波波速不连续界面，第一个界面位于地下约 33 千米深处，称之为莫霍面（1909 年由克罗地亚学者莫霍洛维奇发现）；第二个界面位于地下 2 889 千米深处，称之为核幔边界（又称古登堡界面），是 1914 年由美国学者古登堡（B. Gutenberg）发现的。据此可将固体地球分为三个圈层，自地面往地心依次为地壳、地幔和地核。

地壳是莫霍面以上的固体地球的表层部分，主要由岩石组成，为当前地质学、地貌学研究的主要对象。地幔是莫霍面以下，古登堡界面以上部分，由于其上部 60 ～ 250 千米处存在着“软流层”，所以通常将软流层之上的上地幔与地壳合称为岩石圈。地核是古登堡界面之下至地心的部分，据推测可能由液态和固态组成。

二、地壳的物质组成

组成固体地壳的主要物质是矿物，矿物的集合体组成岩石。

（一）矿物

矿物是在地壳中由化学元素组成的天然化合物。大多数矿物是由两种以上元素组成的化合物；少数是由一种元素构成的单质矿物，如金刚石、石墨、自然硫等。矿物具有一定的物理性质、化学特性和外部形态。不同的矿物抵抗外力风化、破坏的能力不同。自然界矿物种类繁多，目前已知的有 3 000 多种，但目前被人类利用的仅 200 多种。

（二）岩石

岩石是由一种或多种矿物或岩屑组成的集合体，是地质作用的产物。地壳上各种岩石形成的原因和过程是各不相同的，按照岩石的成因，通常把岩石分为岩浆岩、沉积岩、变质岩三大类。

岩浆岩是熔融状态的岩浆冷凝而成的岩石。从火山喷发现象可知地下存在着岩浆，岩浆是在地下深处形成的具有高温、高压的熔融状态的硅酸盐物质。岩浆的主要成分是二氧化硅，此外，还有其他元素、化合物和挥发组分。岩浆沿着地壳的薄弱地带上升（侵入）或喷出地表，在这个过程中岩浆会逐渐冷却，造岩矿物依次结晶，最后凝固形成岩石，即为岩浆岩。根据岩浆冷却凝固成岩的环境，可以分为侵入岩（如花岗岩等）和喷出岩（如流纹岩、玄武岩等）。

沉积岩是由各种外力地质作用形成的沉积物（碎屑物、化学和有机化学沉淀物、黏土等，通常还包括火山喷发的坠落堆积物），在地表或近地表条件下，经过固结成岩作用而形成的岩石。沉积岩中常见的类型有砾岩、砂岩、页岩、黏土岩、碳酸盐岩（如灰岩）。

变质岩是地壳中已形成的岩石（岩浆岩、沉积岩）在高温、高压化学活动性流体的作用下，使原来岩石的成分、结构、构造发生改造而形成的岩石。

上述三大类岩石构成了地壳或岩石圈。

三、地质作用

地球表面千姿百态的地貌形态是地质作用形成的直接结果，如大陆的分离与聚合、海洋的诞生与消亡、山地高原的隆起、盆地的沉降、岩浆活动及岩石的形成与变质，种种现象均直接受控于地质构造与地质作用。地质学把自然界中引起地壳的物质成分、结构、构造及地表形态等发生不断改变和发展的各种作用称为地质作用，把引起这些变化的各种自然动力称为地质营力。根据地质作用的动力来源可将地质作用分为内力地质作用和外力地质作用两大类。

（一）内力地质作用

内力地质作用是由地球内部的能源引起的，主要的内能有地球的热能、重力能以及地球自转和转速变化的动能。内力地质作用可以促使岩石圈的某部分（板块）发生缓慢的水平位移及垂直方向的上升和下降，并可使其发生分裂和碰撞，还可导致发生地震活动、火山作用及各种构造变动等。

（二）外力地质作用

外力地质作用主要是由地球以外的能源，如太阳能及宇宙空间能量等引起的。其中，太阳能起着主要作用，它引起了大气圈、水圈、生物圈的物质循环运动，形成了风、流水、冰川等地质营力，从而产生了各种地质作用。外力地质作用主要发生在地表，它使地壳表层原有的矿物和岩石不断遭受破坏，又不断形成新的矿物和岩石，同时也引起地表形态不断变化。

内力地质作用和外力地质作用是相互联系的，内力地质作用形成了地表的高低起伏（如巨型、大型地貌），决定了地壳表面的基本特性和内部构造，而外力地质作用则是破坏内力地质作用形成的地形和产物。内力地质作用更多情况下表现在使地壳产生变形或变位，使地面抬升或沉降，产生褶皱、节理或断裂，从而形成大陆、海洋、高山、深谷、高原和盆地等各种地貌形态。与此同时，来自地球外部的能量，如太阳能、风能、生物能等，又通过风化、剥蚀、搬运、沉积和成岩等作用，对由内力地质作用所形成的各种地表形态进行破坏、改造和精雕细刻，从而形成了丰富多彩且极具旅游价值的地貌风景资源。

第二节　地貌风景资源概述

一、地貌风景资源的概念

地质泛指地球的性质和特征，主要是指地球的物质组成、结构、构造、发育历史等。

地貌即地球表面各种形态的总称，也称地形。地表形态是多种多样的，成因也不尽相同，是内、外力地质作用对地壳综合作用的结果。

地貌风景资源则是指在长期地质作用和地理过程中形成的，并在陆地表面或浅地表存留下来的各种具有美学欣赏价值的自然资源。

二、地貌风景资源的类别

地貌是内动力与外动力共同作用的结果，是地球表面或浅地表形态，具有可观性，是自然风景资源最重要的组成部分。陆地表面的地貌形态一般有平原、盆地、高原、山地和丘陵五种类型。每种地貌都有值得人们观赏的风景，但平原、盆地、高原等地适合人类居住，所以这些地貌往往有着深刻的人类活动的痕迹，人类的活动不同程度地改变了这些地貌的原始生态景观，往往人文风景更为突出。山地和丘陵不适宜人类聚居，受人类影响也较少，较多地保留了原始的生态环境，对人们的吸引力更大，往往成为重要的风景资源地与旅游目的地。山地和丘陵具有植被茂密、空气清新、生物具有多样性，并且垂直分布景观有差异等特征。此外，山地也是重要的健身与磨炼意志的场地。不同岩性的山石、山体在内外地质营力的作用下形成的或是雄伟，或是险峻，或是造型栩栩如生的奇特景致，给人们全方位的美的享受。

陆地以外是海洋，海洋是最大一级的地貌单元。海洋的海岸沙滩、礁石、红树林、水中的鱼类和海底的珊瑚均具有很高的观赏价值，所以海岸地貌一般也是重要的风景资源与旅游胜地。

本章主要介绍山地地貌风景资源与海岸地貌风景资源两种类型。

三、地貌与风景资源的关系

地貌决定着自然风景的骨架、气势和纹理，也深刻影响着人文景观的基调。

（一）地貌具有直接的造景作用

自然界地貌类型繁多，规模差异巨大，广泛分布于地球表面的各个部位。但是，每种地貌的形成均需要一组特定的自然条件，而自然条件中的每一种要素都有其自身的分布变化规律，因此世界各地形成了千差万别的地貌景观。正是由于不同地域地貌景观的巨大差异，具有观赏价值，形成其独特的吸引力，往往成为人们前往欣赏的旅游景点、景区和旅游风景地。

一些规模较小的岩石地貌体因其外形似人或动物而在风景区中形成独立的景点。如黄山的仙桃石，千山的佛手峰，路南石林中的剑峰、母子携游、骆驼骑象，长江三峡的孔明碑、神女峰，姜女庙的望夫石，连云港花果山的唐僧崖、大圣佛等均是一些栩栩如生的特殊造型地貌，因其形象特征而成为著名的旅游景点。

相同成因构成的地貌群也往往成为重要的风景资源地，形成独特的风景区或旅游胜地。如黄山无数的奇峰怪石就属于构造节理强烈发育的花岗岩地貌，泰山、华山、庐山等风景名胜地则是由地壳变动的断块隆起形成的，青海湖、鄱阳湖等湖泊是由于地壳变动的构造断陷形成的，科罗拉多大峡谷则主要由河流百万年的冲蚀造就的。

（二）地貌是多数风景资源依托的场所

地貌是所有风景资源的依托地，只是有的风景资源的地貌要素并不十分突出，不具有欣赏价值。比如在上海人民广场这个城市地标性的场所里，地貌要素发挥的作用就很小。有更多的风景资源是跟地貌联系在一起的，比如山西恒山悬空寺（图 3-1），它是一座宗教寺庙，宗教文化是其重要吸引力之一，但同时给它增加吸引力的是其所依托的自然环境。寺庙建在峭壁间，犹如悬挂在峭壁上，这也是悬空寺最吸引人的地方之一。

图3-1　山西恒山悬空寺

在我国流传一个说法："天下名山僧占多"，佛、道两教多选择风景优美的山体作为修行场地，宗教资源叠加自然山水资源，往往形成自然与人文双重风景资源地。如我国四大佛教名山五台山（文殊菩萨道场）、峨眉山（普贤菩萨道场）、普陀山（观音菩萨道场）、九华山（地藏菩萨道场），四大道教名山武当山、青城山、龙虎山、齐云山都使自然资源与人文资源相得益彰，更加具有吸引力。

（三）地貌具有间接的育景功能

地貌作为地域自然环境的基底，对生活在该地域的人类生活有着深刻的影响，从而影响到人文景观的形成。地貌对有形的建筑景观、无形的文化景观都有影响。

我国地域辽阔，各地民居形式多样，形成了各具特色的民居景观。长江以南的平原地带孕育出的"小桥流水人家"的江南水乡风貌、黄土高原孕育出的窑洞景观、湘西桂北等山区的吊脚楼景观等都与当地自然环境紧密相连。正因为天南地北差异巨大，才会吸引游客前往。

由于自然环境、气候条件、民族习俗等地域差异，我国各地区各民族饮食文化更加丰富多彩。如"南米北面""南甜北咸""东辣西酸"等谚语背后都能找到自然环境的因素。我国东部地区主要以丘陵和平原为主，为农业的发展提供了良好的地形条件，为人们提供了充足的粮食，为多种多样的饮食文化打下坚实基础。受此影响，东部地区主要以米面作为主食。在我国的西部地区主要以高原山地为主，地形崎岖不平，加之高原带来的严酷气候，很难发展种植业。因此西部地区主要以畜牧业为主，人们多饲养绵羊、藏羚等牲畜，从而以肉食、奶制品为主要的食物。青稞作为为数不多在高寒地区存活的种植作物，受到青藏高原地区人们的青睐，用青稞酿成的酒也成为当地的一大特色。

我国一般将汉语系方言分为八大类，而在这八大方言中，南方方言形式多样、北方方言比较统一。其中有历史的原因，历史上，北方是政治中心，有频繁的战争也有统一的时候，地域之间交流多。南方远离政治中心，各自为政，地域之间交流少。除历史原因外，还有自然环境的因素，华北多为平原地带，便于沟通交流，南方山多、水多，在古代的时候是阻碍人们之间交流的自然环境因素，自然，语言就呈现多样化的特征。

自然环境对人们的思维和性格也有一定的影响，而思维和性格也体现在人文景观中。所谓的"一方水土养一方人"也不无道理。如民国大学者刘申叔是如此论说我国南北人性格特征的：大抵北方之地，土厚水深，民生其间，多尚实际。南方之地，水势浩洋，民生其间，多尚虚无。北方辽阔的黄土地和黑土地，景色壮丽，气候干燥寒冷，天空高旷凄凉，植被贫乏，在这种环境下，人物的性情多厚重、强悍、豪爽、严谨。而南方水流纵横，山色清华，植物华丽，气候温暖湿润，云霞低垂清灵，在这种环境下，人物的性情多柔婉、细腻、灵洁、浪漫、精明。

四、地貌风景资源的特征

（一）空间规模较大

地貌景观体现了地球表面发生的沧桑巨变，空间尺度巨大，所形成的景观也都是大尺度的，比如山丘型旅游地、谷地型旅游地、沙砾石地型旅游地等，占地面积数百平方千米甚至上千平方千米。如泰山总面积达 426 平方千米，黄山风景区的面积约为 150 平方千米，敦煌雅丹地貌的面积约为 400 多平方千米，科罗拉多大峡谷全长 446 千米、总面积达到 2 724 平方千米，黄石国家公园占地面积约为 8 983 平方千米。

（二）形成年代久远

地球上山川、河谷的形成经历了亿万年沧海桑田。地壳中保留下来的各时期的地层和地貌景观，就像一部内容丰富的大自然历史画卷，成为地貌旅游资源的主体。

美国拱门国家公园（图 3–2）位于盐层上方，加上不同程度的侵蚀，而形成许多不同的拱门。约三亿年前，这种盐层曾是海洋。海水消失的几百万年后，盐层被空气和水中的渣滓所覆盖，并和其他杂物挤压成岩石，后经地壳隆起以及天然风化，成为如今的拱门。

有“海上桂林”之称的越南下龙湾曾经是陆地，由于海平面的上升而变成海域，形成现在山生海上的奇观（图 3–3）。

图 3–2　美国拱门国家公园

图 3–3　越南下龙湾

（三）承载力较强

承载力是指在当前经济技术条件下，在保持风景资源质量的基础上，风景资源所能承载的最大旅游活动量。一般用每平方米所容纳的人次来衡量。

地貌风景资源空间大，相对承载力较强，适游期也较长。但是地貌风景资源承载力强也是相对的，因为即使是面积很大的地貌风景资源地，也有相对更突出的景点会集聚大量游客，人群聚集在某一段，不论从环境容量还是从游客的心理容量来说，都超过了最大容量。这种情况如果不加以控制，既破坏了环境，又影响了游客的旅游体验。

（四）不可再生

地貌景观都是经历了漫长的地质历史时期，在地球内外动力的亿万年的长期作用下形成的。地貌景观一旦遭到破坏，人工修复的可能性就非常小。地貌风景资源的破坏既有自然的破坏，也有人为的破坏。自然的破坏如地震、洪水等。2017 年九寨沟景区遭遇地震，很多著名的景点都遭到破坏，如诺日朗瀑布、五花海等，地震前后景观迥异，后虽对这些重点景观进行了人工修复，但总抹不去人工的痕迹。另外就是人为的破坏，如一些溶洞的过度开发，导致溶洞里的很多景观消失不见。

五、地貌风景资源的旅游价值

（一）科普教育价值

地貌风景资源具有科普教育价值。游客通过了解地貌的演变可以开阔视野、丰富阅历、增长知识、提高科学素养等。如到美国黄石国家公园，可以看到火山景观、湖泊景观、峡谷景观等地貌类型。黄石火山是北美最大的火山系统，被称为“超级火山”。随处可以看到间歇泉、温泉、蒸汽池、热水潭、泥地和喷气孔，可以直观地了解火山地貌的特征。

（二）美学鉴赏价值

地貌风景资源表现出千姿百态的形态和突出的美学观赏性。人们可以欣赏到不同地貌景观的不同的美。如张家界作为国内外罕见的石英砂岩峰林，其美令人陶醉。再比如，登泰山可以欣赏雄伟美，登黄山可以体验天下奇美，登华山可以感受险峻美，登青城山可以体会幽静美，登峨眉山可以欣赏秀丽美，观大漠可以感受空旷荒凉的美，探秘洞可以体会深奥美，穿丛林可以感受野趣美（图 3–4）。

（三）健身与探险价值

“无限风光在险峰”，人们历来把高和险作为构成地貌景观的重要内容。“登高极顶景无穷”成为人们游览自然景观的传统内容。地貌景观可以开发登山、攀岩、徒步、滑翔、冲浪、赛车等健身与探险活动。

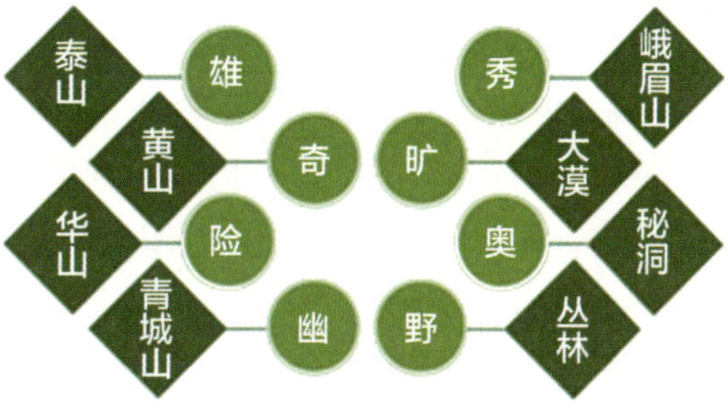

图3-4　地貌风景资源的美学表现

六、我国地貌风景资源的特征

众所周知，我国地貌地形复杂多样，有高山、高原、盆地、丘陵、沙漠、平原、海岸等地貌类型。总的来说，山地多、平原少、耕地少。这种地貌特征给经济发展带来很多不利的方面，比如山地多，大规模农业很难开展、交通也不便利，但却给旅游业的发展提供了丰富多样的风景资源。我国地貌风景资源呈现以下特征。

（一）地貌类型复杂多样，风景资源类型丰富多样

陆地上五种基本地貌类型在我国都有分布，而且绝对面积都很大。地貌类型的多种多样为旅游业的发展提供了丰富多样的旅游资源，非常有利于旅游业的发展。

从地形单元来看，我国主要的高原地形区包括青藏高原、黄土高原、内蒙古高原和云贵高原；主要的盆地地形区包括塔里木盆地、准噶尔盆地、柴达木盆地和四川盆地；主要的平原地形区包括东北平原、华北平原和长江中下游平原；主要的丘陵地形区包括山东丘陵、辽东丘陵和东南丘陵（包括江南丘陵、两广丘陵和浙闽丘陵）。

我国四大高原地貌风景各有千秋。内蒙古高原有草原风光；黄土高原虽看起来贫瘠荒凉，却是我国古代文明的发祥地之一，所在的陕西被称为地下历史博物馆、山西被称为地上文物博物馆，存有大量的人文古迹；青藏高原的高原风光加上民族风情以及宗教文化，一直对人们有巨大的吸引力；云贵高原的喀斯特地貌、丰富多样的自然环境以及丰富多彩的文化传统，使得其所在的云南、贵州以及广西等地成为我国重要的旅游目的地。

（二）山区面积广大，山地地貌景观丰富多彩

我国是一个山地分布十分广泛的国家，山区面积占国土面积的2/3以上。从山地走向来看，我国主要山地的走向分为两类，第一类是东西走向的山脉，包括北列的

天山和阴山，中列的昆仑山和秦岭，南列的南岭；第二类是东北-西南走向的山脉，包括西列的大兴安岭、太行山、巫山和雪峰山，中列的长白山和武夷山，东列的台湾山脉。此外，我国还包括南北走向的山脉，如横断山脉、贺兰山和六盘山等；西北-东南走向的山脉，如阿尔泰山、祁连山、小兴安岭和大别山等；还有巨大的弧形山脉，如喜马拉雅山脉。

在我国，人们通常把高原、山脉和丘陵合称为山区。山区面积广大虽然给农业和交通运输业带来一定的困难，但山区的地貌景观丰富多彩，自然生态相对良好，给旅游业的发展带来有利的条件。

2002 年，《今日国土》杂志社选出的中华十大名山，依次为山东省泰山、安徽省黄山、四川省峨眉山、江西省庐山、西藏自治区珠穆朗玛峰、吉林省长白山、陕西省华山、福建省武夷山、台湾省玉山和山西省五台山。

山东省泰山，五岳之首，以雄伟著称，是世界文化遗产。

安徽省黄山，可以说是天下最美的山，黄山有四奇：奇松、怪石、云海与温泉，同时是世界自然与文化双重遗产。

四川省峨眉山，“峨眉天下秀”，四大佛教名山之一，是世界自然与文化双重遗产；

江西省庐山，以秀美闻名天下，是世界文化景观遗产。

西藏自治区珠穆朗玛峰则为世界上最高的山，魅力自不必说，但还不是大众旅游地，登珠穆朗玛峰的多是专业运动员或极少数的登山爱好者。

吉林省长白山，素有“千年积雪万年松，直上人间第一峰”的美誉，景区是拥有“神山、圣水、奇林、仙果”的旅游胜地。

陕西省华山，五岳之一的西岳，素有“华山天下险”的说法。

福建省武夷山，丹霞地貌的代表性名山，丹山碧水，美学价值高，也是世界自然与文化双重遗产。

台湾省玉山，为我国台湾岛最具代表性的五座高山之一，玉山山容气势磅礴，雄踞一方，“玉山积雪”因而成为“台湾八景”之一。

山西省五台山则为四大佛教名山之一，同属世界文化遗产。

这十大名山，除了珠穆朗玛峰暂时还不是重要的旅游目的地，其他的都是我国著名的旅游目的地。

（三）地势西高东低，呈三级阶梯分布，多为奇险景观

地势是指地表高低起伏变化的总特点。我国地势大致是西部高东部低，呈现出三级阶梯分布特征。

阶梯之间的分界线，第一阶梯以昆仑山脉、祁连山脉、横断山脉为界，海拔4 000米以上，多为高山、高原；第二阶梯是大兴安岭、太行山脉、巫山、雪峰山以西部分，平均海拔1 000～2 000米，以高原与盆地为主；第三阶梯以平原与丘陵为主，大部分海拔在500米以下，也是我国人口密度最大、经济最发达的区域。

东西这种巨大的高差，造成我国东西不同区域之间自然环境的巨大差异，也必然造成人文环境的差异。另外，巨大的高差尤其是相邻地区之间高差的悬殊性，使我国多奇景和险景。

川藏公路的险峻崎岖与地处华北平原的京津塘高速公路的平坦形成鲜明对比。正是由于这种巨大的差异性增添了其旅游吸引力。所以说我国多样的地貌类型给旅游业的发展提供了丰富的旅游资源，非常有利于旅游业的发展。

第三节　山地地貌风景资源

山地地貌是内外地质营力共同塑造的产物，由于地质营力的性质、作用方式和作用强度不同，加之组成岩性及气候环境的不同，形成了形态特色各异的地貌风景资源，它们在旅游活动中发挥的优势和作用也有所不同。

一、山地的构成

岩石是构成名山风景的物质基础。岩石按其成因主要分为岩浆岩、沉积岩和变质岩三大类。整个地壳中，岩浆岩大约占95%，沉积岩不足5%，变质岩最少。不过在不同的圈层，三种岩石的分布比例相差很大。地表岩石中有75%是沉积岩，岩浆岩只有25%。距地表越深，岩浆岩和变质岩越多。

我国风景名山按照岩石性质可分为岩浆岩山地、沉积岩山地和变质岩山地。

（一）岩浆岩山地

岩浆岩又称火成岩，是地下深处的岩浆侵入地壳或喷出地表冷凝形成的岩石。岩浆侵入地壳后凝结而成的岩石叫侵入岩，如花岗岩等。岩浆喷出地表后迅速冷凝而成的岩石叫喷出岩或火山岩，如玄武岩、安山岩、流纹岩等。

岩浆岩山地中最常见的是侵入岩中的花岗岩和火山岩中的玄武岩、安山岩和流纹岩。

（二）沉积岩山地

沉积岩又称为水成岩，是三种组成地球岩石圈的主要岩石之一，是在地表不太深的地方，将其他岩石的风化产物和一些火山喷发物，经过水流或冰川的搬运、沉积、成岩作用形成的岩石。沉积岩主要包括石灰岩、砂岩、页岩等。沉积岩中所含有的矿产占全部矿产蕴藏量的 80%。相较于岩浆岩及变质岩，沉积岩中的化石所受破坏较少，也较易完整保存，因此对考古学家来说是十分重要的研究目标。

（三）变质岩山地

变质岩是地壳中早先形成的岩浆岩、沉积岩及早先形成的变质岩在岩浆活动、构造活动等一系列内力地质作用的影响下，经较高温度和压力变质而形成的新的岩石。

三类岩石的关系：出露于地表的岩浆岩、变质岩及沉积岩在水、冰、大气等各种地质营力的作用下，经表层地质作用（风化、剥蚀、搬运、沉积及成岩作用）可以重新形成沉积岩。地壳表层形成的沉积岩经构造运动的作用可卷入或埋藏到地下深处，经变质作用形成变质岩；当受到高温作用以至熔融时，可转变为岩浆岩。地壳深处的变质岩及岩浆岩，经构造运动的抬升与表层地质作用的风化与剥蚀，又可上升并出露于地表，进入形成沉积岩的阶段。

二、典型的山地地貌风景资源

（一）花岗岩地貌风景资源

1. 概念

花岗岩是岩浆岩的一种，是由岩浆侵入地壳后凝结而成的岩石。花岗岩大部分被深埋在地下，小部分则由于地壳运动被抬升。花岗岩地貌是指在花岗岩体基础上，再由各种外力地质作用形成的形态特殊的地貌类型。

2. 形成阶段

花岗岩是由地下深处炽热的岩浆上升失热冷凝而成的，其凝结的部位一般都在距地表 3 千米以下。花岗岩岩浆冷凝成岩并隆起成山，大致可分为以下几个阶段。

冷凝成岩和上升阶段。花岗岩岩浆从地下深处向上侵入，到达地壳的一定部位（一般在 3 千米以下）而冷凝结晶形成岩体。在冷凝结晶的过程中体积要发生收缩，从而在花岗岩体中产生裂隙，即“原生节理”。花岗岩中的原生节理一般有三组，彼此近于垂直，三个方向的节理把岩体切割成大大小小的近似的立方体、长方体的块体。这些节理裂隙则在地壳运动的作用下，部分发育成为断裂构造。

上升到接近地表风化阶段。花岗岩体接近地表，地下水作用增强。在地下水作用下，花岗岩中的主要矿物长石变成黏土矿物。这种变化最易发生的部位是被原生节理切割成的立方体、长方体的棱角处。久而久之，受原生节理切割而成的立方体、长方体的块体，就变成了一个个不太规则的球体，称为“球状风化”，形成的球状岩块被称为“石蛋”。

球状岩块继续上升出露地表，形成山地并接近剥蚀阶段。

3. 空间分布

我国的花岗岩山地分布广泛，集中分布在云贵高原和燕山山脉以东的第二、第三级阶梯上，以海拔 2 500 米以下的中低山和丘陵为主，其他一些山地也有分布。

我国的许多名山，如东北的大兴安岭、小兴安岭，辽宁的千山、医巫闾山、凤凰山，山东的泰山、崂山、峄山，陕西的华山、太白山，安徽的黄山、九华山、天柱山，浙江的莫干山、普陀山、天台山，湖南的衡山、九嶷山，江西的三清山，河南的鸡公山，福建的太姥山、鼓浪屿，广东的罗浮山，广西的桂平西山、猫儿山，湖北的九宫山、黄冈陵，江苏的灵岩山、天平山，天津的盘山，北京的云蒙山，河北的老岭，宁夏的贺兰山，甘肃的祁连山，四川的贡嘎山，海南的大洲岛、铜鼓岭、七星岭、五指山等，大部分由花岗岩组成。其中许多已成为国家级风景名胜区和自然保护区。

4. 景观特征

花岗岩山地具有较好的景观特征，所以花岗岩山地丘陵区大多是风景名胜区，具有美学观赏价值。

色彩上：花岗岩一般呈肉红或灰白色，如普陀山即由肉红色粗粒花岗石构成。

形态上：花岗岩山丘大多具有山体挺拔、沟谷深邃、岩石裸露、多球状岩块、多弧形岩壁、多崩块的特征。峰林状高丘由具岩株构造的花岗岩体组成，地势陡拔，岩石裸露，沿节理、断裂有强烈的风化剥蚀及流水切割，形成奇峰深壑、悬崖峭壁、峰林深谷等风景。

花岗岩的典型形态有以下几种，都具有极强的观赏价值。

绝壁陡崖。花岗岩体中或边缘发育有断裂构造时，由于断裂带岩石破碎，抗风化能力变弱，或由于断裂的抬升，在花岗岩体的周边或内部产生悬崖绝壁。另外，

图3-5　华山

流水沿直立节理冲刷，也会产生高差较小的陡崖。绝壁和陡崖为花岗岩地貌增添了险峻的美感。这一点在华山体现得最为明显（图3-5）。华山之险，名冠群山，是因为华山四周均是绝壁，从东峰沿长峰至石楼峰更是构成了一个巨大的崖壁，被称为“华岳仙掌”。

一线天。当流水沿花岗岩体中近于直立的剪切裂隙冲刷下切时，形成近于直立的沟壑，沟壑越来越深，形成两壁夹峙，向上看蓝天如一线，这就是一线天。我国花岗岩山岳，如黄山、九华山、华山、太姥山、天柱山、嵖岈山、千山和平潭岛的将军山等，都有一线天景观。

球状石蛋或馒头状岩丘。球状石蛋或馒头状岩丘由穹窿状花岗岩体构成，被节理切割成方块的岩体，棱角随着风化作用逐渐消失，具红色风化壳，厚10～80米，风化壳剥离后，出露球状石蛋或馒头状岩丘，地势浑圆。花岗岩球状风化形成的石蛋，虽近于球状，但形态各异，分布于山巅溪涧，给人以广阔的想象空间，成了旅游区的重要景观和神话、传说的源泉，如黄山顶部的猴子观海，华山西峰顶的劈山救母石，福建平潭岛南寨石景区的骆驼石、神龟石、鸳鸯石，厦门鼓浪屿的日光岩和海南岛的鹿回头等。石蛋垒砌造型也是花岗岩地貌旅游景区的重要景观，如鸡公山顶的雄鸡、嵖岈山的八戒醉酒和双猴望月、平潭岛上的海坛天神等。

福建东山岛风景名胜区的海滨石崖上，有一块重约200吨的临海巨石，状似玉桃，底部触地仅数寸，风吹石动，故名“风动石”，然而历经台风地震而不倒，有“天下第一奇石”之称（图3-6）。花岗岩经海浪侵蚀、风蚀等作用形成现在浑圆多姿的形态。

图3-6　福建东山风动石

图片来源：福建省旅游信息中心网站

安徽安庆的天柱山，也称古南岳，是一座花岗岩地貌名山，世界地质公园。其著名的景点“飞来峰”就有一个典型的球状石蛋（图3–7）。

图3–7　安徽天柱山飞来石

图片来源：安徽天柱山微信公众号

洞穴、石窟。花岗岩是不易溶解的岩石，因此不能形成在石灰岩地区常见的溶洞。但雨水沿花岗岩体内的断裂冲刷，断裂上盘岩块的崩塌，能形成不规则的堆石洞。另外，石蛋地貌发育的地区，石蛋间的空隙也可以构成岩洞。如黄山的水帘洞、莲花洞、鳌鱼洞，崂山的白云洞、明霞洞，太姥山的璇玑洞，罗浮山的朱明洞，嵖岈山的万人洞。

花岗岩丘陵区崩岗侵蚀地貌。华南广大风化壳坡地上发育着各种形状的深切山坡崩陷凹地形，其冲沟沟头部分经不断地崩塌和陷蚀作用而形成一种围椅状侵蚀地貌。

花岗岩石林地貌。当花岗岩出露地表并处于强烈上升时，流水沿垂直节理裂隙下切，形成石柱或孤峰，石柱、孤峰丛集成为峰林，如黄山的“妙笔生花”。花岗岩峰林显得极为雄伟壮观。如黄山切割深达500～1 000米，形成高度在千米以上的山峰就有70多座。华山则是东、西、南、北、中五峰对峙局面。另外，天柱山的天柱峰和九华山的观音峰也都是非常典型的峰林地貌。克什克腾石阵位于赤峰市克什克腾旗，处于大兴安岭余脉向西部草原过渡的地带。草原上群山呈现出典型的丘陵地形地貌特征，四周险峻，而山顶平缓起伏，冰石林在这平坦的丘陵地带显得格外突出。据专家分析，克什克腾石阵主要是在冰盖冰川的刨蚀、掘蚀和冰川融化时形成的大量冰水的冲蚀作用下形成的，所以叫“冰川石林”（图3–8）。

图3–8　赤峰市克什克腾石阵

图片来源：内蒙古自治区人民政府网

5. 典型的花岗岩名山

（1）华山

华山位于陕西省华阴市，因山峰自然排列若花状，故得名华山。华山北瞰黄河，南依秦岭，被称为“华山如立”，整个山体线条简洁，形如刀削斧劈，奇峰突兀，巍峨壮丽，被誉为“天下奇险第一山”。

① 华山自然风景资源奇险

奇。华山是由一块巨大的完整的花岗岩构成的。古人云，“山无石不奇，无纯石不大奇”。华山共有三座主峰，南峰落雁、东峰朝阳、西峰莲花。三峰靠峙，直插云霄，号称天外山，其中落雁峰最高，海拔 2 160 米，高度为五岳之首。

险。“长空栈道”凌空架设，悬岩上镌刻的“全真岩”三面临空，在峭壁悬岩上开凿的千尺幢、百尺峡、擦耳崖、苍龙岭奇险异常。

② 华山人文风景资源丰富

“西岳”文化。华山被称为“西岳”，与东岳泰山并称，最早见于《尔雅·释山》一书。西岳这一称呼据说是因平王东迁，华山在东周王国之西，故称“西岳”。秦帝国建都咸阳，西汉帝国建都长安，都在华山之西，所以华山不再称为“西岳”。直到东汉建立，华山又恢复了“西岳”之称，并沿用至今。

道教文化。早在汉武帝时就建有集灵宫，唐朝更陆续出现了一些由道士们自己所营建的宫观，相传大上方的白云宫就是唐金仙公主的修道处，至今遗迹犹存。经过宋、元两代的发展，到明代华山上的道教宫观已经很多了，香火旺盛。最有名的有西岳庙，另有云台观和玉泉院等。

另外，华山石刻、神话传说也是重要的文化资源，神话传说中最有名的属沉香劈山救母的故事。

图3-9　黄山

（2）黄山

黄山属安徽省黄山市，是一座花岗岩断块山（图 3-9）。黄山群峰如林，有 36 大峰和 36 小峰；三大主峰莲花峰、天都峰、光明顶均超过 1 800 米，三峰鼎立，最为奇秀，是我国东部少有的高峰。

① 黄山自然风景资源集名山之长

泰山之雄伟，华山之险峻，衡山之

烟云，庐山之飞瀑，雁荡山之巧石，峨眉山之秀丽，黄山无不兼而有之。明代旅行家、地理学家徐霞客两游黄山，赞叹说：“登黄山，天下无山，观止矣”，又留有“五岳归来不看山，黄山归来不看岳”的美誉，更有“天下第一奇山”之称。可以说黄山无峰不石，无石不松，无松不奇。黄山还有四绝，分别为奇松、怪石、云海、温泉。

奇松。黄山延绵数百里，千峰万壑，比比皆松。它以石为母，顽强地扎根于巨岩裂隙中。黄山松针叶粗短，苍翠浓密，干曲枝虬，千姿百态，形态各异，可谓是“无树非松，无石不松，无松不奇”。黄山松是由黄山独特地貌、气候而形成的中国松树的一种变种。黄山松一般生长在海拔 800 米以上的地方，通常是在黄山北坡的 1 500 ～ 1 700 米处，南坡的 1 000 ～ 1 600 米处。黄山松的千姿百态和黄山自然环境有着很大的关系。黄山松的种子能够被风送到花岗岩的裂缝中去，以无坚不摧、有缝即入的钻劲，生根、发芽、成长。黄山地势崎岖不平，悬崖峭壁纵横堆叠，黄山松无法垂直生长，只能弯弯曲曲地甚至朝下生长。由于要抗暴风御冰霜，黄山松的针叶粗短，冠平如削，色绿深沉，树干和树枝也极坚韧，极富弹性。黄山松的另一特点是，许多松树只在一边长出树枝。黄山松姿态坚韧傲然，美丽奇特，但生长的环境十分艰苦，因而生长速度异常缓慢，一棵高不盈丈的黄山松，往往树龄上百年，甚至数百年；其根部常常比树干长几倍甚至数十倍，由于根部很深，黄山松能坚强地立于岩石之上，虽历风霜雨雪依然姿态坚挺。

怪石。黄山石以奇取胜，以多著称，似人似物，似鸟似兽，情态各异，形象逼真，其形态千奇百怪，令人叫绝。黄山怪石从不同的位置，在不同的天气观看情趣迥异，可谓“横看成岭侧成峰，远近高低各不同”。其分布遍及峰壑巅坡，或兀立峰顶，或戏逗坡缘，或与松结伴，构成一幅幅天然山石画卷。黄山千岩万壑，几乎每座山峰上都有许多灵幻奇巧的怪石，其形成期约在 100 多万年前的第四纪冰川期。黄山峰海，无处不石、无石不松、无松不奇，奇松怪石往往相映成趣。据说黄山有名可数的石头就达 1 200 多块，大都是三分形象，七分想象，从人的心理移情于石，使一块冥顽不灵的石头凭空有了精灵跳脱的生命。如位于北海的梦笔生花、喜鹊登梅（仙人指路）、老僧采药、苏武牧羊、飞来石、龟兔赛跑等，都是游客在欣赏时充分调动自己的主观创造力，获得更高的审美享受的景观。

云海。自古黄山云成海，黄山是云雾之乡，以峰为体，以云为衣，其瑰丽壮观的“云海”以美、胜、奇、幻享誉古今，一年四季皆可观，尤以冬季景最佳。依云海分布方位，全山有东海、南海、西海、北海和天海；而登莲花峰、天都峰、光明顶则可尽收诸海于眼底，领略“海到尽头天作岸，山登绝顶我为峰”之境界。黄山一年之中有云雾的天气达200多天，水汽升腾或雨后雾气未消，就会形成云海，波澜壮阔、一望无边，黄山大小山峰、千沟万壑都淹没在云涛雪浪里，天都峰、光明顶也就成了浩瀚云海中的孤岛。玉屏楼观南海，清凉台望北海，排云亭看西海，白鹅岭赏东海，鳌鱼峰眺天海。由于山谷地形的原因，有时西海云遮雾罩，白鹅岭上却青烟缥缈，道道金光染出层层彩叶，北海竟晴空万里，人们为云海美景而上下奔波，谓之“赶海”。

温泉。黄山温泉源自海拔850多米的紫云峰下，久旱不涸，水质纯净，可饮可浴。传说轩辕黄帝就是在此沐浴七七四十九日得以返老还童，羽化飞升的，故又被誉为“灵泉”。黄山温泉由紫云峰下喷涌而出，与桃花峰隔溪相望，是经由黄山大门进入黄山的第一站。温泉每天的出水量约400吨，常年不息，水温常年在42℃左右，属高山温泉。黄山温泉对消化、神经、心血管、新陈代谢、运动等系统的某些病症，尤其是皮肤病，均有一定的功效。黄山有15处温泉，其中被称为黄山“四绝”之一的温泉（古称汤泉），又名朱砂泉，有两个出入口。温泉水质以含重碳酸为主，无硫，自唐代开发以来，享誉千年。

② 黄山人文风景资源荟萃

黄山是世界自然与文化双重遗产，联合国教科文组织世界遗产委员会是如此评价黄山的（1990年）：黄山，在中国历史上文学艺术的鼎盛时期（公元16世纪中叶的“山水”风格）曾受到广泛的赞誉，以“震旦国中第一奇山”而闻名。今天，黄山以其壮丽的景色、生长在花岗岩上的奇松和浮现在云海中的怪石而著称。对于从四面八方来到这个风景胜地的游客、诗人、画家和摄影家而言，黄山具有永恒的魅力。

源远流长的宗教文化。黄山与宗教有密切的关系，唐代道教旧籍中，关于轩辕黄帝和容成子、浮丘公来山炼丹、得道升天的仙道故事，流传千年，影响深广，至今还留下与上述神仙故事有关的许多峰名，如轩辕峰、浮丘峰，以及炼丹、仙人、上升、仙都、道人、望仙诸峰。黄山山名，亦与黄帝炼丹之说有关。道教在黄山建立较早的道观有浮丘观、九龙观等。宋末道士张尹甫在黄山修炼，创建松谷道场。明末以后，全山范围内已无道教活动的踪迹。据《黄山图经》记载，佛教早在南朝刘宋间就传入黄山，历代先后修建寺庙近百座。寺庙之中，祥符寺、慈光寺、翠微寺和掷钵禅院，号称黄山“四大丛林”。黄山历代释徒中，能诗善画者多，著名的有：唐代岛云，明代海能、弘智、音可、元则、王寅，清代大均、大涵、檗庵、渐江、雪庄等，都有作品传世。

精品荟萃的黄山艺术。黄山伟大的自然美，使无数诗人、画家和其他艺术家为之赞叹和陶醉，产生无法抑制的创作激情，留下了不可胜数的艺术作品。从盛唐到晚清的 1 200 年间，仅就赞美黄山的诗词来说，现在可以查到的就有两万多首。黄山艺术作品的体裁和内容都十分丰富，它们从各个层面发掘体现并充实了黄山的美，是祖国艺术宝库中的灿烂花朵。就诗文而言，李白、贾岛、范成大、石涛、龚自珍、黄炎培、董必武、郭沫若、老舍等都有不少佳作流传于世。散文中，徐霞客的《游黄山日记》、袁牧的《游黄山记》、叶圣陶的《黄山三天》、丰子恺的《上天都》等都体现了黄山绝美秀丽的风姿。黄山的故事传说也不胜枚举，如《黄帝炼丹》《李白醉酒》《仙人指路》《仙女绣花》等都广为传诵。

尤其以体现黄山俊美恬静的黄山画派，更是成为黄山文化的一颗璀璨明珠。黄山画派的大师们不断从黄山山水中汲取养分，丰富自己的艺术创作。他们以凝重简练的笔墨、明快秀丽的构图和清高悲壮的风格、深沉宏大的旨意，在画坛独树一帜。黄山哺育了各个时代的诸多艺术家，艺术家们又赋予黄山艺术的生命。

（二）玄武岩地貌风景资源

1. 概念

玄武岩是岩浆岩的一种，是一种基性喷出岩，其化学成分与辉长岩或辉绿岩相似，SiO_2 的含量在 45% ～ 52%，$K_2O + Na_2O$ 的含量较侵入岩略高，CaO、$Fe_2O_3 + FeO$、MgO 的含量较侵入岩略低。主要矿物成分为基性长石和辉石，次要矿物成分为橄榄石、角闪石及黑云母等。玄武岩一般为暗色，以黑色为主，也有少数呈灰绿色以及暗紫色等。岩石呈斑状结构，气孔构造和杏仁构造也较为普遍。

玄武岩地貌是指发育在玄武岩地区、具有独特外形特征的地貌，常见的特殊形态有桌状山（或称方山）、玄武岩（熔岩）高原和玄武岩（熔岩）台地等。

知识链接

玄武岩的名称来历有种种说法

一说从日本引入，因日本兵库县有一玄武洞，洞石为玄武岩而得名；

一说源于埃塞俄比亚语，意为黑色大理石；

另一说认为，我国古代的“玄武”一词指神龟，龟壳上有 13 块六角形的龟甲，而玄武岩表面也有类似龟甲状的纹路，故以“玄武”命名此石。

2. 空间分布

我国玄武岩分布较广，主要集中在东北、内蒙古东部、华南的雷州半岛、海南岛及云南腾冲等地。著名的玄武岩山地有黑龙江五大连池火山群和镜泊湖火山群、吉林长白山火山群、山西大同火山群、云南腾冲火山群等。外火山口常积水成湖，湖光山色，奇秀无比。

3. 景观特征

色彩上：玄武岩的颜色常见的多为黑色、黑褐色或暗绿色；在腾冲火山群附近的玄武岩多为青灰色，也有暗红色、橙色、黄色的。

形态上：在岩浆冷凝时，由于体积收缩，往往裂开形成六边形（亦有四边形、五边形）岩柱，构成奇特的石柱林景观。岩柱顶面酷似龟壳。

4. 典型的玄武岩名山

（1）腾冲火山

云南腾冲地处欧亚板块与印度板块交会处，地壳运动活跃，带来频繁地震，剧烈地震又引起火山爆发（图 3-10）。火山喷发停止后，熔岩冷却，形成了无头的山——火山。腾冲共有休眠期火山 97 座，其中火山口保存较完整的火山达 23 座，被誉为“天然火山地质博物馆”，是我国热门的旅游地之一。

（2）北爱尔兰安特里姆平原巨人之路石林

这一景观位于北爱尔兰贝尔法斯特西北约 80 千米处的大西洋贾恩茨考斯韦海岸，在高达 110 米的断崖上，可见无数石柱突起（图 3-11）。现今爱尔兰和苏格兰两

图3-10　云南腾冲火山

图片来源：腾冲文旅微信公众号

图3-11　北爱尔兰安特里姆平原巨人之路石林

图片来源：中国日报网

岛的熔岩高原是由大规模的熔岩流形成的。熔岩冷却后形成玄武岩，岩浆凝固过程中要发生收缩，而且收缩力非常平均，以至裂开时形成规整的六棱柱体，这种过程有点像泥潭底部厚厚的一层泥在阳光暴晒下干裂时的情景。玄武岩石柱自形成以来的千万年间，受大冰期冰川的侵蚀及大西洋海浪的冲刷，逐渐被塑造出这一奇特的地貌。每根玄武岩石柱都是由若干块六棱柱状石块叠合在一起组成的。波浪沿着石块间的断层线把暴露的部分逐渐侵蚀掉，把松动的搬运走，最终，玄武岩石堤的阶梯状效果就形成了。

（3）冰岛斯卡夫塔费德国家公园

斯瓦蒂佛斯瀑布是冰岛斯卡夫塔费德国家公园的一处玄武岩瀑布景观（图 3-12）。一条落差约为 12 米的瀑布倾泻而下，一年四季都能观赏。柱状玄武岩在半山腰的构造，在视觉上与传统教堂风琴管具有相似性。玄武岩构成的峭壁使得瀑布飞流直下。峭壁边缘笔直、锋利，展现了水晶状结构。这是由瀑布的不停流动引发的快速侵蚀造成的，而冰岛永久性冻融循环也加速了这个过程。

（4）美国加利福尼亚州魔鬼岩柱堆

魔鬼岩柱堆是美国的一处国家纪念地（图 3-13）。魔鬼岩柱堆的熔岩流相对年轻，距今在 10 万年至 70 万年之间。熔岩喷发时的表面形貌使得熔岩无法向四周扩展，结果约 122 米厚的玄武岩层缓慢均匀地冷却下来。由于冷却过程相对缓慢，使得玄武岩形成外形相同的长长的圆柱体，其中多数的横截面都呈六边形。

图3-12　斯瓦蒂佛斯瀑布

图片来源：冰岛旅行网

图3-13　美国加利福尼亚州魔鬼岩柱堆

图 3-14　济州岛柱状节理带

（5）韩国济州岛柱状节理带

济州岛柱状节理带与北爱尔兰的巨人之路石林的形成原理相似。火山喷发时高温的熔浆与冰冷的海水在海岸相遇，随后形成了四边形或六边形的石柱，在海岸边堆积起来。这些巨大的岩石，看起来像是石匠雕琢而成的，但其实是自然最为随意的作品（图 3-14）。

（三）流纹岩地貌风景资源

1. 概念

流纹岩是岩浆岩的一种，是火山的酸性喷出岩，其化学成分与花岗岩相同，它是由于形成时冷却速度较快使矿物来不及结晶而形成的岩石。流纹岩 SiO_2 含量大于 69%，其斑晶主要由钾长石和石英组成，晶体形状为方形板状，有玻璃光泽，但有节理。岩石为灰色、粉红色或砖红色，有斑状结构和流纹状结构。

图 3-15　雁荡山大龙湫瀑布
图片来源：雁荡山发布微信公众号

2. 空间分布

我国流纹岩山地以浙江省最多，著名的有雁荡山、天目山、西湖孤山与宝石山。

3. 典型的流纹岩名山

浙江雁荡山流纹岩地貌天下奇秀，有“造型博物馆”之美誉。雁荡山以山水奇秀闻名，素有“海上名山、寰中绝胜”之誉，史称中国“东南第一山”。

雁荡山是亚洲大陆边缘巨型火山带中白垩纪火山的典型代表，也是流纹岩浆喷发形成的大型破火山。

雁荡山著名的大龙湫瀑布（图 3-15）与贵州黄果树瀑布、黄河壶口瀑布、黑龙江吊水楼瀑布并称中国四大瀑布，大龙湫瀑布以其落差 190 余米高居首而被誉为“天下第一瀑”。

山中摩崖累累，古刹遍布，诗文、画卷、故事、传说俯拾皆是，堪称一座“文史宝库”。

（四）安山岩地貌风景资源

1. 概念

安山岩是中性喷出岩，因大量发育于美洲的安第斯山脉而得名，分布范围仅次于玄武岩，一般呈灰色、灰绿色、淡紫色或紫红色。安山岩含有少量斜长石、角闪石、辉石和黑云母的斑晶，而且斑晶常呈定向排列，这是由于岩浆是在流动中冷却的。安山岩也会有气孔和杏仁构造。

2. 空间分布

安山岩多分布在我国台湾，地处太平洋板块、菲律宾板块和欧亚板块相互作用的边界地区。我国台湾东部的一些火山和附近的小岛都由安山岩（中性）组成，如大屯火山群等。大屯火山群地处“太平洋火圈”上，是台湾最著名的火山区，它是由火山反复喷发而成的。

3. 典型的安山岩名山

大屯火山群是我国重要的火山群之一，位于台湾岛北部，南起台北盆地北缘，北至富贵角海岸，东至基隆市西，西抵淡水河口南岸观音山一带，面积为 430 平方千米，地域覆盖了台北市和新北市。

大屯火山群由 16 个火山喷发口形成的圆锥形山体组成，大屯山居于群山之中，海拔 1 000 多米，顶上呈漏斗状的火山口，直径为 360 米，深 60 米。火山口雨季积水成湖，称为“天池”。在大屯山东南有座更大更高的火山，顶上有 7 座小峰，如七仙女下凡，亭亭玉立，故名七星山，它是大屯火山群中最新的火山，山顶上巨大的爆裂火口仍不断吐出硫气浓烟（图 3-16）。

图 3-16　台湾七星山

大屯火山群的火山体可分为两类。第一类是锥形火山，由喷发的熔岩和碎石堆积而成，通常高峻、陡峭、雄伟。大屯火山群中的大部分火山都是锥形火山，七星山是这类火山的代表。第二类是钟形火山，它是由黏度大、流动慢的熔岩堆积而成的。因为熔岩流动缓慢，所以堆积较为低缓，火山外形似钟状，位于大屯山南侧的面天山是这类火山的代表。

大屯火山群与北投温泉、阳明山等构成台湾北部著名风景区，约有 20 座以集块岩与安山岩为主构成的火山体。

沉积岩是地球表面分布最广的一种岩石，覆盖面积约占地球表面积的 75%。沉积岩最典型的构造特征是具有层理，可分为水平层理、波状层理、交错层理等。我国的沉积岩地貌中，喀斯特地貌（岩溶地貌）、丹霞地貌、石英砂岩地貌对游客吸引力最大。所以接下来重点介绍这三种地貌风景资源。

（五）喀斯特地貌风景资源

1. 概念

喀斯特地貌又称岩溶地貌，主要发育在碳酸盐类岩石地区，由于地下水和地表水的溶蚀改造而形成的一种特殊的地貌类型。

$$H_2O + CO_2 + CaCO_3 = Ca(HCO_3)_2$$

知识链接

喀斯特（Karst）原是南斯拉夫北部石灰岩高原的地名，那里发育着各种奇特的石灰岩地形。19 世纪末，南斯拉夫学者司威治（J. Cvijic）研究了 Karst 高原的各种石灰岩地形，并将这种地貌命名为喀斯特，之后“喀斯特”一词便成为世界各国通用的专业术语。

2. 细分类别

喀斯特地貌分地表和地下两大类，地表有石芽与溶沟、溶斗、落水洞、溶蚀洼地、溶蚀谷地、干谷、盲谷、峰丛、峰林与孤峰；地下有溶洞、地下河、暗湖等。

地表流水沿岩石表面和裂隙流动时所溶解的石质小沟被称为溶沟。石芽是突出于溶沟之间的石脊。当石芽与溶沟连成一片，构成广阔的地面时，就形成石芽地（图 3-17）。裸露在地面的石芽因形态不同可分为山脊式石芽、石林式石芽和车轨式石芽。

溶斗和落水洞都发育在垂直活动带上，是喀斯特地面上发育最广泛的漏陷地貌，但两者在形态和成因上有区别。溶斗是一种碟形、漏斗形、圆筒形的小型封闭式圆洼地（深度一般小于直径）（图3-18）。当喀斯特谷底溶斗呈串珠状出现时，暗示着可能有地下河存在，因此常作为喀斯特地区寻找地下水的指示性地貌。

图3-17　湖北恩施大峡谷石芽
图片来源：去哪儿网

落水洞是指开口于地面而通往地下深处裂隙、地下河或溶洞的洞穴。落水洞的深度比宽度大得多。落水洞主要有两种形态：一是裂隙状落水洞，形态狭长，以倾斜和曲折之状向地下延伸，分布最广；二是井状落水洞，深度和宽度都很大。落水洞成因除了溶蚀作用外，更重要的在于重力和侵蚀作用。广西乐业有个“天坑群”，在 20 平方千米范围内已被发现有 28 个天坑，其天坑数量和天坑分布密度世界绝无仅有。在全世界 13 个超大型天坑中，分布在乐业的就有 7 个，因此乐业县被誉为“世界天坑之都”“世界天坑博物

图3-18　溶斗

图3-19　重庆小寨天坑
图片来源：重庆市武隆区人民政府网

图3-20　贵州荔波喀斯特峰丛
图片来源：多彩贵州网

图3-21　黔西南布依族苗族自治州兴义市万峰林

馆”。在重庆市奉节县境内，有世界上最大的“天坑”，是由地下河长期冲击碳酸盐岩岩层，引起岩层塌陷而形成的地质奇观（图 3-19）。

溶蚀洼地是一种面积较大的椭圆形封闭洼地，四周多被低山丘陵、峰林等围绕，底部堆积着两三米厚的红土层，当洼地底部排水系统堵塞后（发育后期）积水成湖。

溶蚀谷地是喀斯特地区一些宽阔而平坦的谷地，或者盆地两侧多被峰林夹峙，谷坡急陡，但谷底平坦，横剖面如槽形。谷地内常有过境河穿过，由一端流入，至另一端潜入地下。在河流作用下，谷地不仅迅速扩大，还堆积了较厚的冲积物。此外，还残留着石灰岩残积红土及低矮的石灰岩孤峰或残丘。

干谷是喀斯特地区往昔河谷，现在已经无水，或者只有在洪水期才会有水。

盲谷是喀斯特地区死胡同式河谷，前方常被陡崖所挡，河水从崖上落入水洞潜入地下，变成地下河。

峰丛是顶部山峰分散、基部连成一体、位于垂直渗透带上的峰林集合体，一般地势较高，侵蚀较轻微（图 3-20）。

峰林是成群的石灰岩山峰基部分离或微微相连，接近地下水位线，是地壳长期稳定下石灰岩体遭受强烈破坏并深切至水平流动带所形成的山群。与其相伴的多是大型溶蚀谷地和深陷溶蚀洼地等。黔西南布依族苗族自治州兴义市万峰林是国内最大、最具典型性的喀斯特峰林（图 3-21）。徐霞客游历过后题诗云“天下山峰何其多，唯有此处峰成林”。

孤峰是散立在溶蚀谷地或溶蚀平原上的低矮山峰，是长期溶蚀作用的产物，如桂林独秀峰（图 3–22）、伏波山。

峰丛、峰林与孤峰三者在时间上有着先后关系，分别对应着喀斯特地貌的发育早期、中期与晚期；在空间上峰丛处于中间，峰林处于边缘，而孤峰处于外缘。

岩溶盆地是一种大型的岩溶洼地，边缘略陡并发育峰林，多分布于地壳相对稳定的地区。岩溶盆地继续扩大形成岩溶平原，地表覆盖红土并发育孤峰残丘。

图 3–22　桂林独秀峰

图片来源：桂林王城景区网

3. 空间分布

喀斯特地貌在中国分布最广，集中分布于桂、黔、滇等省区，川、渝、湘、晋、甘、藏等省区市部分地区亦有分布。喀斯特地貌在世界其他地区主要分布于波黑迪纳拉山区、法国中央高原、俄罗斯乌拉尔山区、澳大利亚南部、美国中东部、大安的列斯群岛和越南中北部地区。

4. 典型的喀斯特名山

我国 119 处国家级风景名胜区中，喀斯特景区就有 26 处，还有 7 处与喀斯特景观有关，一共 33 处，占国家级风景名胜区四分之一以上。

2007 年，“中国南方喀斯特一期”由中国云南石林喀斯特、贵州荔波喀斯特、重庆武隆喀斯特共同组成，在第 31 届世界遗产大会上被评选为世界自然遗产并入选世界遗产名录。2014 年，广西桂林、贵州施秉、重庆金佛山和广西环江组成“中国南方喀斯特二期”，在第 38 届世界遗产大会上通过审议入选世界自然遗产名录，作为对“中国南方喀斯特”的拓展。

另外，世界自然遗产地九寨沟、黄龙等也有大量的喀斯特地貌。

（1）桂林山水

桂林山水是典型的喀斯特地貌景观，包括山、水、喀斯特岩洞、石刻等。桂林“山青、水秀、洞奇、石美”，千百年来享有“桂林山水甲天下”的美誉。其中从桂林到阳朔一段漓江风光最优美的路段（启程码头到兴坪之间约 40 千米的河道上）是世界上规模最大、风景最美的喀斯特山水游览区之一，更有“漓江山水甲桂林”的美名。漓江像一条青绸绿带，盘绕在万点峰峦之间，奇峰夹岸、碧水萦回、削壁垂河、青山浮水、风光旖旎，犹如一幅百里画卷。

从美学的角度来看，漓江的特点，可以概括为清、奇、巧、变四个字。

清，是指漓江水一年四季晶莹透亮、清澈见底。宋人张自明的“癸水江头石似浮”，已将它的清亮描写出来了。

奇，是指漓江的山，奇异俊美。宋代诗人范成大说：“桂山之奇，宜为天下第一。”唐代韩愈则赞漓江“江作青罗带，山如碧玉篸”。陈毅诗赞漓江：“处处呈奇观”“足供一生看”。

图3-23 桂林象鼻山

巧，是指漓江风景之奇巧。漓江沿途，奇奇怪怪的石山，形象万千，摹人拟物。“象鼻山”（图3-23）“仙人推磨”“九马画山”“猴子抱西瓜”……无不惟妙惟肖。而石崖上的石纹石色，光怪陆离、绚丽多姿，构成许许多多的画面，美不胜收。

变，是指漓江景致的变化多端。乘船游江，可见两岸的山，一时孤峰直立，一时奇峰一片，时而山海峰林，时而平畴旷野。漓江的水，忽曲忽直，时缓时急，有时波平浪静，有时浪翻涛滚，银花飞溅。漓江之景，还随着季节、昼夜、早晚、晴雨的不同而变化。

（2）荔波喀斯特

荔波喀斯特位于贵州省东南部的荔波县，是贵州高原和广西盆地过渡地带锥状喀斯特的典型代表。这里最突出的景观主体是锥状喀斯特地貌，最典型的形态是峰丛。荔波的峰林和峰丛都被森林覆盖，其中生存着许多特有的和濒危的动植物，是亚热带喀斯特地貌上生物多样性保存最为完好的一块宝地。因此，荔波也被誉为“地球腰带上的绿宝石”。联合国教科文组织世界遗产委员会评价：“荔波的锥状和塔状喀斯特同样被认为是世界上同类喀斯特的参照地，形成了特殊而又美丽的地貌景观，有着世界级的品质。荔波所展示的喀斯特地貌与景观使它们成为全球典型代表。”

（六）丹霞地貌风景资源

1. 概念

丹霞地貌一般是在以陆相为主（可能包含非陆相夹层）的红层（不限制红层年

代）发育的具有陡崖坡的地貌。

丹霞地貌得名于广东韶关市仁化县境内的丹霞山（图 3–24）。丹霞山看上去非常神奇，红色的石头，红色的山崖，看上去赤城层层、云霞片片，古人取其“色如渥丹，灿若明霞”之意，称之为丹霞山。1928 年，矿床学家冯景兰开始注意到这种地貌，把形成丹霞地貌的红色砂砾岩命名为丹霞层。1939 年，我国著名地质学家、中国科学院院士陈国达教授在对丹霞山及华南地区的红石山地做了深入研究之后，以发育最典型的丹霞山为名，将这一类地貌命名为“丹霞地形”。

图 3–24　广东丹霞山

1983 年，《地质辞典》给出了丹霞地貌的定义：厚层、产状平缓、节理发育、铁钙质混合胶结不匀的红色砂砾岩，在差异风化、重力崩塌、侵蚀、溶蚀等综合作用下形成的城堡状、宝塔状、针状、柱状、棒状、方山状或峰林状的地形。

2006 年，由地理学家、中国科学院院士周成虎主编的《地貌学辞典》对丹霞地貌的定义是：“岩石地貌的一种，在侏罗纪、白垩纪、古近纪钙质胶结的红色砂岩、砾岩上发育的方山、奇峰、岩洞和石柱等特殊地貌称为丹霞地貌。以中国广东北部仁化县丹霞山最为典型，因此得名。”

20 世纪 90 年代以后，随着人们对丹霞地貌的日益关注，人们对其概念和定义的讨论逐步增多，在判别标准上也存在一定的分歧。不同的学者对丹霞地貌的定义达到 20 种以上。

总体上，这些意见可以归为三大类：广义上，主张凡是具有赤壁丹崖的地貌，不管由什么岩石组成，都可称为丹霞地貌；狭义上，主张比照丹霞山，只有发育在白垩纪河湖相红色砂砾岩之上的地貌才能称为丹霞地貌。中山大学彭华教授提出折中定义，即以陆相为主（可能包含非陆相夹层）的红层（不限制红层年代）发育的具有陡崖坡的地貌。目前学者们大都倾向于折中定义。

2009年第7届国际地貌学大会上，由大会主席提议，国际地貌学家协会批准设立“IAG丹霞地貌工作组”。2010年第34届世界遗产大会“中国丹霞”成功申遗。这两大事件标志着中国土生土长的“丹霞地貌”研究走向了世界，登上了国际学术舞台。

国内学者一直把丹霞地貌作为一个独立的地貌类型来研究，并且已建立了相对完善的学科体系，但长期以来，丹霞地貌的研究一直局限于国内，与国际上相关领域的交流非常缺乏，国外学者对此知之甚少。由于缺乏国际交流，加之国内外对于红层和丹霞地貌的学科归属存在较大认知差异，在丹霞地貌研究走向国际舞台的时候，存在着难以对接的问题，这也在一定程度上影响了丹霞地貌研究的国际化进程。

2. 丹霞地貌的发育演化

丹霞地貌按照生命周期可分为四个阶段。

第一个阶段为红层堆积阶段：这个阶段，周围碎屑物质被流水带入湖泊，不断沉积，在炎热气候与水力作用下，岩石中铁元素转变为三价铁离子，形成红层。

第二个阶段为红层盆地构造抬升阶段：岩层出现垂直或高角度节理（有裂隙），原湖泊变为外流区，沿裂隙侵蚀开始。

第三个阶段为丹霞地貌发育幼年期：裂隙因为流水的侵蚀作用，变得越来越大，形成两臂直立的深沟，也被称为巷谷。底部的物质不易被流水完全带走，就形成堆积锥。

第四个阶段为丹霞地貌发育青壮年期：本来相连的崖面崩塌后退，使山顶范围逐渐缩小，形成城堡状残峰、石墙、石柱等地貌。

3. 空间分布

丹霞地貌主要分布在中国、美国西部、中欧和澳大利亚等地。丹霞地貌是一个具有全球意义的特殊自然地理现象和红层地貌类型，而以我国分布最广，类型最齐全。到2008年1月31日为止，我国已发现的丹霞地貌有790处，分布在26个省区。

我国丹霞地貌广泛分布在热带-亚热带湿润区，也即东南部峰林型丹霞，如武夷山、丹霞山、龙虎山等；温带湿润-半湿润区，也即西南峡谷型丹霞；半干旱-干旱区和青藏高原高寒区，也即西北干旱山地型丹霞，如张掖七彩丹霞、天水麦积山等地。“碧水丹山，奇秀东南”的武夷山、“丹崖赤壁”的丹霞山、奇峰竞秀的龙虎山和圭峰山、凌空峭拔的齐云山、广西资源的八角寨、广东坪石的金鸡岭、湖南宁远的九嶷山与新宁的崀山、河北承德的棒槌山、甘肃的麦积山和崆峒山、宜昌至安庆长江两岸的“赤壁临江”等，都是我国知名的丹霞地貌。

4. 丹霞地貌的形态

（1）方山

方山是从构造高原或台地分割出来的破碎山体，以平坦的山顶为特征，如我国粤北的丹霞山、美国西部的科罗拉多高原。

（2）峰林

峰林由台地和方山演变而来，当侵蚀作用深入构造台地和方山内部时，它们都遭受强烈的破坏，形成高低参差、面积较小的峰林地貌。

（3）崖壁

崖壁是丹霞地貌的一大特色。崖壁的坡度一般超过 60°，有的甚至大于 90°，呈逆坡倾斜。

崖壁的形态受岩性支配，种类有悬崖、额状崖、凹状崖和阶梯状崖。

当崖壁的后退多沿垂直节理做折线状进行时，形成阶梯状崖，又称为构造阶地或假阶地，这种阶地是差别侵蚀而成的，与地壳上升及河流作用无关。

（4）峡谷

峡谷出现在构造高原、台地或方山之间，沿构造裂隙发育，两坡由崖壁组成。初期是一种深窄的巷谷（嶂谷），谷形挺直，两坡壁立，谷底平坦。巷谷进一步发展则成为较宽阔的峡谷，此类峡谷谷壁陡峭，但底部因堆积而成缓坡，如粤北的锦江峡谷和福建武夷山的九曲溪峡谷（图 3-25）等。

（5）溶蚀地貌

砂岩、砂砾岩和砾岩的岩层颗粒之间多为钙质胶结，多少会产生岩溶形态。如果砾岩中有较大的石灰岩砾块，或属石灰角砾岩，还能发育出小规模的岩溶地貌。

5. 丹霞地貌的景观特征

丹霞地貌形态多样，有台地、峰林、峡谷、石堡、石柱、石桥等类型，造型千变万化，丰富多彩。谷底或盆地往往有河溪流过，丹山碧水相辉映，具有很高的美学价值。

图3-25　武夷山九曲溪峡谷

形态美：丹霞地貌以山石造型奇特而著称。山峰四壁由赤壁丹崖构成造型各异、拟人拟物、拟兽拟禽的造型地貌，如金鸡岭、棒槌山、僧帽冠等造型，构成丹霞地貌最基本的景观层次。

结构美：丹霞地貌多表现为峰林结构，它的山石高下参差、疏密相生，群峰林立，组合有序，富有很好的韵律感和层次感。尤其是在早晨或傍晚的霞光背景下，山群更富有结构美感。

色彩美：丹霞地貌的主色为鲜明的红色，赤壁丹崖受到流水作用或有机质沉淀，加上藻类生长，被染成片片黛青色或者是暗褐色；干燥的红崖上藻类更是五颜六色，在蓝天、白云、碧水、绿树的衬映之下，对比中透露着和谐，构成一幅幅多彩的画面。

意境美：丹霞地貌的意境美突出表现为雄、险、奇、秀、幽五字。从古至今有很多文人墨客在咏叹丹霞山水，留下了众多诗文题刻。这些作品所描写的就是从其山水中抽象、升华出来的意境之美。

知识链接

我国南北丹霞地貌的差异

我国以秦岭—淮河一线为界划分南北，南方丹霞地貌露头不仅规模大、数量多，色彩鲜明，而且形态多样奇特；北方丹霞地貌露头规模和数量均较小，而且色彩形态呆板。

引起差异的原因可以分为两个方面：一方面是地质内动力作用的影响：南北方在地质史上构造盆地的成因有异、地质事件及其相关沉积也表现不一；另一方面是地质外动力的差异，南北方的外动力条件如流水作用、风化作用、胶结作用等均不相同。

南方丹霞自然美学价值高。南方丹霞地貌风景区因地处温湿气候带，常常有大大小小的溪流蜿蜒于群峰之间，使得丹崖、秀水、青山相互衬托，山水林洞多样统一，造型与呈现的颜色千奇百怪，深深透露出南方丹霞特有的绮丽清婉与雍容祥和的韵味，符合大多数人好奇、求新、审美的心理需求。这种地貌在回返自然、观光览胜方面的潜在开发价值极大。

北方丹霞地貌风景区常与石窟艺术和宗教文化紧密结合，高超绝伦的石刻艺术、历代名人题刻以及庙宇建筑等都为缺水少树的单纯丹霞风光增色不少。许多地方的石窟艺术、宗教文化与丹霞奇峰峭壁结合在一起，达到了高度的和谐。比如甘肃的永靖炳灵寺、天水麦积山（2014 年，麦积山石窟作为中国、哈萨克斯坦和吉尔吉斯斯坦三国联合申遗的“丝绸之路：长安–天山廊道的路网”中的一处遗址成功列入世界遗产名录），另外平凉崆峒山（所发现的时代最古老的紫红色岩层所形成的丹霞地貌，自古就有“中华道教第一山”之美誉）、张掖境内祁连山山麓等，真正达到了“丹霞为宗教增秘，佛光令丹霞生辉”的完美统一。北方丹霞地貌的吸引力主要体现在丹霞与石窟艺术的紧密结合。

6. 典型丹霞名山——世界遗产“中国丹霞”

广东丹霞山、浙江江郎山、江西龙虎山、福建泰宁、湖南崀山、贵州赤水六处于 2010 年 8 月 1 日，以“中国丹霞”为名成功列入世界遗产名录。这六处全部分布在中国亚热带湿润区，是华南湿润区、临水型丹霞的代表。这是因为南方气候温润，气温高，温热环境下地貌发育更好，丹山、绿林、碧水，有较高的景观价值。

贵州赤水，处于丹霞地貌的青年早期，有着典型阶梯式河谷与壮观的丹霞瀑布群（图 3–26）。它的山崖艳丽鲜红，孤峰窄脊拔地而起，还有一些仪态万千的奇山异石，也有一些岩廊洞穴。这些景观与绿林、飞瀑、流泉相映成趣，有着很高的旅游观赏价值。

福建泰宁也是丹霞地貌的青年期，属低海拔山原–峡谷型地貌。泰宁世界地质公园以典型的青年期丹霞地貌为主体，兼有火山岩、花岗岩、构造地貌等多种地质遗迹（图 3–27）。区域内自然生态良好，有水上丹霞、峡谷曲流，丹霞洞穴、

图 3–26　贵州赤水丹霞瀑布

图片来源：赤水旅游微信公众号

图 3–27　福建泰宁丹霞地貌

图片来源：绿都三明微信公众号

千奇百怪的山峰石林等，另外还有险峻的花岗岩地貌，融汇于原始古朴的自然生态，构成了独特的自然风光体系，因此也有“碧水丹山大观园”“峡谷洞穴博物馆”之称。

湖南崀山的丹霞地貌青、壮、晚年期均有发育，以圆顶密集式丹霞峰丛、峰林为主要形态特点（图 3-28）。景区景观以丹霞和丹霞-喀斯特混合地貌的峰、峦、谷景观为主，以雄、奇、险、秀、幽、雅为特色，同时又渗透着悠久的历史文化和众多的民俗风情。丹霞地貌学术创始人陈国达教授晚年到崀山考察，大有相见恨晚之感，他题诗道：“半生长誉丹霞美，方识崀山比丹霞。胜地有缘何恨晚，并赞南北双奇花。”

广东丹霞山处于壮年期和壮年中晚期，是簇群式峰丛峰林的代表。“色如渥丹，灿若明霞”，丹霞山是世界丹霞地貌命名地。作为丹霞地貌的命名地，丹霞山的丹霞地貌发育具有典型性、代表性、多样性和不可替代性。地质学家研究表明：在中国已经发现的 800 处左右的丹霞地貌中，丹霞山是发育最典型、类型最齐全、造型最丰富、景色最优美、研究最充分的丹霞地貌集中分布区。

江西龙虎山处于丹霞地貌的老年早期，有突出的侵蚀残余峰丛、峰林、孤峰、残丘组合特征（图 3-29）。东汉中叶，正一道创始人张道陵曾在此炼丹，传说“丹成而龙虎现”，因此得名龙虎山。其中天门山最高，海拔 1 300 米。龙虎山是我国道教四大名山之一。张天师在龙虎山承袭六十三代，历经一千九百多年，道教兴盛时期曾建有 91 宫、81 观、50 院、24 殿。

图 3-28　湖南崀山丹霞地貌

图片来源：崀山景区微信公众号

图 3-29　江西龙虎山

图片来源：龙虎山景区官网

浙江江郎山，位于浙江省江山市城南25千米的江郎乡，处于老年期，有突出的孤峰、狭窄的巷谷、巨大的近垂直的石墙（图3-30）。传说古时候有三个姓江的兄弟登上山顶变为三大巨石而形成，所以叫江郎山。三巨石拔地冲天而起，高360余米，形似石笋天柱，像刀砍斧劈而成，自北向南呈“川”字形排列，依次为郎峰、亚峰、灵峰，人们称之为“三爿石”。大地理学家徐霞客三次游江山时都写到江郎山，他把江郎山与雁荡山、黄山和鼎湖峰进行比较，极力赞叹江郎山“奇”“险”“神”。唐代诗人白居易赞曰：“安得此身生羽翼，与君来往共烟霞”。

图3-30 浙江江郎山

图片来源：浙江省林业局网

（七）石英砂岩地貌风景资源

石英砂岩是沉积岩的一种，是一种比较坚硬的砂岩，不易被风化剥蚀，一般很少形成风景，但在一定条件下可以出现绮丽的景色，典型的如湖南张家界武陵源的石英砂岩峰林。

张家界武陵源景区是由石英砂岩构成的峰林地貌，层层叠叠，蔚为壮观，举世罕见，中外游人誉之为“人间仙境”。景区北部还有大片石灰岩喀斯特地貌，经亿万年河流变迁降位侵蚀溶解，形成了无数的溶洞、落水洞、天窗、群泉等景观。正是因为这种地貌景观的稀缺性以及极高的美学价值，张家界武陵源风景区获得了很多荣誉。1993年，联合国教科文组织世界遗产委员会对此评价道：“武陵源景色奇丽壮观，位于中国中部湖南省境内，连绵26 000多公顷，景区内最独特的景观是3 000余座尖细的砂岩柱和砂岩峰，大部分都有200余米高。在峰峦之间，沟壑、峡谷纵横，溪流、池塘和瀑布随处可见，景区内还有40多个石洞和两座天然形成的巨大石桥。除了迷人的自然景观，该地区还因庇护着大量濒临灭绝的动植物物种而引人注目。”同时，张家界也是我国第一个国家森林公园（1982年）、世界地质公园（2004年）。

对于天子山御笔峰，有诗这样赞扬：“视看西海云雾中，御笔峰端指长空。奇峰异石观景台，三山五岳败下风。”

天门山在距张家界市区8千米处。公元263年，因山壁崩塌而使山体上部洞开一门，南北相通。三国时吴主孙休以为吉祥，赐名“天门山”。天门洞，位于海拔1 260多米的绝壁之上，门洞高131.5米，宽57米，深60余米。据地质专家考证，门洞中央是东西岩层向斜的交会处，因挤压而导致岩石破碎崩塌，最终于公元263年形成门洞。天门山海拔1 517.9米，与山下市区的相对高差有1 300多米，所以显得伟岸挺拔，天际线优美，堪为山的典型。

（八）变质岩地貌风景资源

变质岩是岩浆岩或沉积岩成分、结构、构造发生改变而形成的一种岩石，这类岩石抗蚀能力强，往往形成雄伟的山体。

我国由变质岩构成的名山有泰山、庐山、嵩山、五台山、武当山等。

图3-31　泰山

1. 泰山

泰山海拔为1 000～1 500米，组成山体的岩性主要是变质岩和花岗岩，是区域内地势最高、抬升幅度最大、侵蚀切割最强的山地（图3-31）。泰山为“五岳”之首，是世界文化遗产之一。古人形容“泰山吞西华，压南衡，驾中嵩，轶北恒，为五岳之长”。

泰山有五大奇观，分别如下。

泰山日出：壮观而动人心弦，是岱顶奇观之一，也是“天下第一山”——泰山的重要标志。

玉盘云海：夏天，雨后初晴，大量水蒸气蒸发上升，加之从海上吹来的温暖空气被高压气流控制在海拔1 500米左右的高度时，如果无风，在岱顶就会看见白云平铺万里，犹如一个巨大的玉盘悬浮在天地之间。

晚霞夕照：“谁持彩笔染长空，几处深黄几处红”，当雨过天晴、天高气爽、夕阳西下的时候，若漫步泰山极顶，仰望西天，朵朵残云如峰似峦，一道道金光穿云破雾，直泻人间。

黄河金带：“一条黄水似衣带，穿破世界通银河”，登山者如果想要充分领略和享受这一奇观就必须选择恰当的旅游时机。一般是秋季最好，因为这时风和日丽、天高云淡；其次是大雨之后，残云萦绕、天晴气朗、尘埃绝少、山清水秀，是放目四野，饱览黄河金带的绝好时机。

泰山佛光：据记载，泰山佛光大多出现在6至8月中半晴半雾的天气，而且是太阳斜照之时。云雾弥漫的清晨或傍晚，游人站在较高的山头上顺光而视，就可能看到缥缈的雾幕上，呈现出一个内蓝外红的彩色光环，将整个人影或头影映在里面，恰似佛像头上方五彩斑斓的光环，故得名“佛光”或“宝光”。

泰山不仅有美妙的自然景观，也有丰富的人文景观。

封禅文化：自秦汉至明清，历代皇帝到泰山封禅 27 次。帝王借助泰山的神威巩固自己的统治地位，使泰山的神圣地位被抬升到了无以复加的程度。皇帝的封禅活动和雄伟多姿的壮丽景色使得历代文化名人纷至泰山进行诗文著述，留下了数以千计的诗文刻石。

中华发祥地文化：泰山是黄河流域古代文化的发祥地之一。

宗教文化：泰山宗教发祥久远，佛教于公元 4 世纪中期传入泰山。

各种神话传说：如东岳大帝、碧霞元君等神话传说，也给泰山增添了神秘的人文气息。

知识链接

世界文化景观

文化景观这一概念是 1992 年 12 月在美国圣菲召开的联合国教科文组织世界遗产委员会第 16 届会议时提出并纳入世界遗产名录中的。这样一来，世界遗产即分为自然遗产、文化遗产、自然与文化复合遗产和文化景观遗产。文化景观遗产是指人类罕见的、无法替代的文化景观，是全人类公认的具有突出意义和普遍价值的“自然和人类的共同作品”。截至 2016 年 7 月 15 日，中国世界文化景观遗产有 5 处，分别是江西庐山、山西五台山、浙江杭州西湖、云南红河哈尼梯田、广西崇左花山岩画。

2. 庐山

在庐山，三大类岩石（沉积岩、岩浆岩、变质岩）遗迹均有分布，且保存完整，其中最重要的是岩浆岩和变质岩（图 3-32）。

图 3-32　庐山西部湖

庐山以雄、奇、险、秀闻名于世，素有“匡庐奇秀甲天下”之美誉，是世界地质公园之一。1996 年庐山被列入世界遗产名录，当时是这么评价庐山的：“庐山的历史遗迹以其独特的方式，融汇在具有突出价值的自然美之中，形成了具有重大美学价值的，与中华民族精神和文化生活紧密相连的文化景观。”

庐山风景秀丽，文化内涵深厚，集教育名山、文化名山、宗教名山、政治名山于一身。

庐山具有突出价值的地貌。庐山有河流、湖泊、平原、坡地、冰川、山峰、溶洞等类型齐全而奇特的地貌。这些地貌不仅有着重要的科学价值，而且构成了庐山的自然美。

庐山有着绝妙的山水景观。庐山重峦叠嶂、群峰竞秀。瀑布、温泉和云雾久负盛名，如“匡庐瀑布天下奇”以及李白笔下的“飞流直下三千尺”，描写的都是庐山瀑布；在晋代，庐山温泉已是中国著名的温泉之一；“庐山之奇莫若云”称赞了庐山的云雾。

庐山是我国田园诗的诞生地、中国山水诗的策源地和中国山水画的发祥地。3 000多年来，李白、白居易、苏东坡等历代 1 500 多位文人墨客留下了 4 000 多首赞美庐山的诗词和 400 多处摩崖石刻；顾恺之、荆浩为庐山留下了划时代的山水绘画。

苏轼的《题西林壁》“横看成岭侧成峰，远近高低各不同。不识庐山真面目，只缘身在此山中。”是对庐山变幻莫测的景观与奥秘感的诠释。

繁荣的宗教文化。佛、道两教都把庐山作为他们开创宗教思想、弘扬教义的重要地区。

教育和“理学”的圣地。白鹿洞书院是中国四大书院之首。朱熹在这里提出的教育思想，在中国教育史上是光辉的一页，在世界教育史上也有重要影响。

杰出的科技文化。庐山的科技文化，在中国科技史上有着重要的地位。庐山温泉，是中国最早的医疗温泉之一。西林寺，是中国寺庙中较早的密檐砖塔。太平宫的璇玑玉衡，是中国古代著名的天文观测仪器。观音桥，以 105 块石条凹凸相契，结构奇特，是中国重点保护文物单位。鄱阳湖紫阳堤，是中国湖泊的最大、最早的港口石堤。李四光的庐山第四纪冰川学说震动了世界地质学界。1934 年，胡先骕等科学家创建了中国第一个供科学研究的庐山植物园，现与世界上 80 个国家 270 家单位建立了种子交换等方面的关系。

（九）雅丹地貌风景资源

1. 概念

雅丹地貌泛指干燥地区的一种风蚀地貌，河湖相土状沉积物所形成的地面，经风化作用、间歇性流水冲刷和风蚀作用，形成与盛行风向平行、相间排列的风蚀土墩和风蚀凹地（沟槽）地貌组合（图3-33）。“雅丹”这一专业名词由斯文·赫定（Sven Hedin）于1903年正式提出，并为地学工作者逐渐接受，迄今已有百余年的历史。

图3-33 雅丹地貌

2. 细分类别

不同的岩层和地势形成的雅丹地貌形状各异，根据形成条件可以将其分为三种类型。第一种是以风力侵蚀为主形成的雅丹地貌，我国的孔雀河以南至楼兰遗址一带便是这种类型；第二种是以水流侵蚀为主形成的雅丹地貌，如三垄沙雅丹；第三种是在风和水的共同作用下形成的雅丹地貌，如我国著名的白龙堆雅丹、龙城雅丹。

3. 空间分布

雅丹地貌主要分布于降雨稀少、植被稀疏、风蚀作用强烈的干旱区和极端干旱区的沙漠边缘，如西亚（特别是阿拉伯半岛）和中亚，非洲撒哈拉沙漠和纳米布沙漠，北美西部荒漠地区、南美洲西部海岸荒漠区、欧洲西班牙的埃布罗低地。我国主要分布在新疆罗布泊、哈密，甘肃疏勒河中下游地区，青海柴达木盆地和内蒙古乌蒙等地。

4. 景观特征

干旱区的湖泊在形成过程中往往伴随着一系列水进水退的过程，因而发育了上下叠加的泥岩层和沙土层。在长期的地质风化作用下，风和流水可以带走疏松的沙土层，但对坚硬的泥岩层却作用有限。紧致的泥岩层并不是坚不可摧的，荒漠区变化剧烈的温差所产生的胀缩效应能够让坚硬的泥岩层发生崩裂，暴露出来的沙土层被水和风带走，逐渐演变为凹槽状。再加上雨、雪、水的冲刷作用使得崩裂的裂隙加宽扩大，大风对裂隙不断进行剥蚀，沙土层慢慢形成风蚀沟谷和洼地，被留下来的坚硬的岩石则形成孤岛状的、大小不一的长条形土墩。

有些地方长期被风蚀，形成了奇特景观，如新疆乌尔禾魔鬼城，在大自然鬼斧神工的长期作用下形成密集而又错落有致的砂岩奇异形体，举目眺望，俨然是一座城堡巍然屹立于戈壁苍茫大漠之中。

5. 典型案例

（1）新疆魔鬼城

魔鬼城又称乌尔禾风城，位于新疆维吾尔自治区准噶尔盆地西北边缘。由于地处风口，魔鬼城四季狂风不断，最大风力可达 10 ～ 12 级。强劲的西北风给了魔鬼城的“名”，更让它有了魔鬼的“形”。千百万年来，由于风雨剥蚀，地面形成深浅不一的沟壑，裸露的石层被狂风雕琢得奇形怪状：有的龇牙咧嘴，状如怪兽；有的危台高耸，垛堞分明，形似古堡。远眺魔鬼城，就像中世纪欧洲的一座城市，大大小小的城堡林立，高高低低、参差错落。

魔鬼城地处风口，每当风起，飞沙走石、天昏地暗、怪影迷离。如箭的气流在怪石山坡间穿梭回旋，发出尖厉的声音，如狼嗥虎啸、鬼哭狼嚎。若在月光惨淡的夜晚，四周萧索，情形更为恐怖，所以此地得名为“魔鬼城”。

（2）青海水上雅丹

柴达木盆地西北部的雅丹地貌是中国面积最大的雅丹地貌群，面积为 2.15 万平方千米，大约形成于 7 500 万年前。其中的水上雅丹更是世界独一无二的神奇景观。水上雅丹地处柴达木盆地腹地，位于青海省大柴旦辖区西部 150 千米处戈壁地带的一片蓝湖中（图 3-34）。它是一系列断断续续延伸的长条形土墩与凹地沟槽间隔分布的地貌组合，所处位置与周边的盐湖、戈壁、盐壳地貌遥相呼应，构成了一片难得的地质美景。碧蓝的湖水、鬼斧神工般的雅丹地貌、天空鸭鸣雁啼，水上波光粼粼、朝阳橙霞、沙丘湖泊形成一幅美丽动人的画面。荒漠戈壁中凭空而出一片“汪洋”，成千上万年风蚀形成造型各异的雅丹，星罗棋布地跌落在这片“汪洋”中。

图3-34　青海水上雅丹

第四节　海岸地貌风景资源

一、海岸地貌风景资源的概念

海岸地貌是海岸在构造运动、海水动力、生物作用和气候因素等共同作用下所形成的各种地貌的总称。根据海岸地貌的基本特征，可将海岸地貌分为海岸侵蚀地貌和海岸堆积地貌两大类。海岸侵蚀地貌是岩石海岸在波浪、潮流等不断侵蚀下所形成的各种地貌。海岸堆积地貌是近岸物质在波浪、潮流和风的搬运下，沉积形成的各种地貌。按海岸的物质组成及其形态，海岸地貌又可分为砂砾质海岸地貌、淤泥质海岸地貌、三角洲海岸地貌、生物海岸地貌等。

二、海岸地貌风景资源的空间分布

地球表面 70% 的面积被海洋覆盖，因此地球上的陆地海岸线是非常长的，但是受各种条件的制约，每个国家的海岸线长短不一。以下列举世界上海岸线最长的 10 个国家。

加拿大是世界上面积第二大的国家，西临太平洋，东临大西洋，北临北冰洋，峡湾、海岛众多，海岸线非常曲折，长达 24 万多千米，是世界上海岸线最长的国家。但加拿大有效海岸线较短，仅限于大西洋沿岸及太平洋沿岸。

印度尼西亚位于亚洲东南部，由 17 000 多个岛屿组成，海岸线蜿蜒曲折，总长 54 716 千米，是世界上海岸线第二长的国家。

俄罗斯是世界上面积最大的国家，地跨欧亚两大洲，东临太平洋，西濒大西洋，北临北冰洋，海岸线总长 37 653 千米，居世界第三位，但是绝大部分的海岸线位于北冰洋沿岸，难以有效利用，因此有效海岸线非常短，仅限于波罗的海沿岸及太平洋沿岸南部。

日本是一个典型的岛国，由 6 800 多个岛屿组成，海岸线全长 33 889 千米，是世界上海岸线第四长的国家。日本的海岸线东西差异较大，西海岸线自然条件较差，港口稀少，东海岸线自然条件优越，深水良港众多，也是日本大城市最为密集的区域。

澳大利亚独自占有一块大陆，海岸线总长 25 760 千米，自然条件良好的东部及东南部沿海地带，也是澳大利亚人口分布最为密集的地区，海岸线利用率非常高，北部及西部海岸线总体利用率比较低。

挪威位于斯堪的纳维亚半岛西北部，西临大西洋，近海岛屿多达 15 万个，海岸线非常曲折，总长 21 000 千米，既有天然深水良港，又有风景秀丽的海滨旅游区，海岸线有效利用率比较高。

美国东临大西洋，西临太平洋，海岸线长度为 19 924 千米，有效海岸线非常长，大西洋沿岸、太平洋沿岸也是美国大城市分布最为密集的地区。

菲律宾是位于东南亚的一个岛国，由 7 000 多个岛屿组成，海岸线长 18 533 千米。

我国东临太平洋，海岸线总长 18 000 千米，是世界上海岸线第九长的国家，除江苏沿海海岸线有效利用率较低外，其余海岸线大小港口星罗棋布，也是我国大城市分布最为密集的区域。

新西兰是位于太平洋南部的一个岛国，由北岛、南岛、斯图尔特岛及其附近一些小岛组成，海岸线约长 15 000 千米，是全球最美丽的国家之一，30% 的国土为保护区。

三、海岸地貌风景资源的细分类别

（一）海岸侵蚀地貌景观

岩石海岸在波浪、潮流等不断侵蚀下所形成的各种地貌，主要有海蚀洞、海蚀崖、海蚀平台、海蚀柱等。

海蚀洞：因受海浪不断冲击，岩石不断碎落，形成空洞（图 3–35）。

海蚀崖：是指基岩海岸受海蚀和重力崩落作用，沿着断层节理或层理面形成的陡壁悬崖（图 3–36）。

海蚀平台：海蚀平台与海蚀崖有先后关系。海蚀崖形成后，继续受海蚀作用，海蚀崖不断后退，随后在海蚀崖前出现一个平台状地形，即海蚀平台。

图 3–35　海蚀洞

图3-36　海蚀崖

图3-37　三亚亚龙湾

（二）海岸堆积地貌景观

1. 砂砾质海岸地貌

砂砾质海岸地貌一般发育于岬角、港湾相间的海岸，被侵蚀的物质经沿岸流输送，堆积而成。这些堆积体通常是由松散的、很软很细的物质如细砂、粉砂组成的，海岸线比较平直，海滩比较宽，也比较长。这种海岸最适合度假旅游，如我国三亚的亚龙湾（图 3-37）、大东海，广西北海的银滩就是这种沙质海岸。

2. 淤泥质海岸地貌

淤泥质海岸地貌在潮汐作用较强的河口附近和隐蔽的海湾内堆积而成，这类堆积体由 0.002 ～ 0.06 毫米的细颗粒物质组成。西欧的荷兰和我国的渤海湾沿岸及江苏中南部海岸是世界上最著名的（粉砂）淤泥质海岸。这类海岸地貌美学价值较低。

3. 三角洲海岸地貌

三角洲海岸地貌是在河口由河流携带的泥沙堆积而成的向海伸突的泥沙堆积体。有呈鸟足状的，如密西西比河三角洲；有呈尖嘴状的，如意大利台伯河口；有呈扇状的，如尼罗河三角洲和黄河三角洲等。三角洲海岸是三角洲广泛发育的一种海岸。在平原河口区，这种海岸有大的河流入海，物质来源充足，有大量泥沙沉积物堆积，能使陆地向海延伸几十千米以上。河流是其形成的主导因素。

图3-38 澳大利亚的昆士兰大堡礁

图片来源：澳大利亚昆士兰旅游微信公众号

图3-39 红树林

4. 生物海岸地貌

生物海岸地貌为热带和亚热带地区特有的海岸地貌类型，有两种类型：一种为珊瑚礁生物海岸，另一种为红树林生物海岸。

（1）珊瑚礁生物海岸是由造礁珊瑚、有孔虫、石灰藻等生物的残骸堆积而成的，主要分为岸礁、堡礁和环礁三种基本类型。岸礁与陆地边缘相连，并从陆地向海洋方向生长，如红海和东非桑给巴尔的珊瑚礁；堡礁与岸线几乎平行，礁体与海岸之间由潟湖分隔，如澳大利亚的昆士兰大堡礁（图 3-38），是世界上最大最长的珊瑚礁群，全长 2 011 千米；环礁则环绕着一个礁湖呈椭圆形，中国南海西沙群岛大多为环礁。

（2）红树林生物海岸生长着耐盐的红树林植物群落。红树林植物有特殊的根系、葱郁的树冠，能减缓水流的流速，削弱波浪的能量，构成了护岸的防护林，并形成了有利于细颗粒泥沙沉积的堆积环境，最终形成特殊的红树林海岸堆积地貌（图 3-39）。

四、典型的海岸地貌风景资源地

（一）三亚亚龙湾

亚龙湾是我国海南省三亚市东郊的一处优质热带海滨，是一个月牙湾，拥有 7 000 米长的银白色海滩。沙滩平缓开阔，沙粒洁白细软，属砂砾质海岸地貌。亚龙湾呈现明显的热带海洋性气候，全年平均气温为 25.5℃，适宜四季游泳和开展各类海上运动。同时，亚龙湾拥有海洋、沙滩、阳光、绿地、新鲜空气等多种景观要素。岸上林木郁郁葱葱，海水清澈见底，可以清晰地看见 10 米以下的海底景观。水面下珊瑚种类丰富，可观赏珊瑚。

（二）昆士兰大堡礁

昆士兰大堡礁位于澳大利亚的昆士兰州以东、巴布亚湾与南回归线之间的热带海域，长达 2 000 余千米，是世界上最大的珊瑚礁群。

大堡礁水域有大小岛屿 630 多个，其中以绿岛、丹客岛、磁石岛、海伦岛、林德曼岛、汉密尔顿岛、蜥蜴岛、弗雷泽岛等较为有名。大堡礁的一部分岛屿其实是淹在海中的山脉顶峰。俯瞰大堡礁，大堡礁犹如在汹涌澎湃的大海上绽放的碧绿宝石一般。

大堡礁属热带气候，主要受南半球气流控制，自然条件适宜，无大风大浪，因此成了多种鱼类的栖息地。人们在不同的月份能看到不同的水生珍稀动物。大堡礁海域生活着大约 1 500 种热带海洋鱼类。珊瑚礁将潟湖包了个严实，风平浪静，是天然的避风港。各种鱼类、蟹类、海藻类、软体类，五彩缤纷、琳琅满目，透过清澈的海水，历历在目。

创造大堡礁如此巨大工程的"建筑师"是直径只有几毫米的腔肠动物珊瑚虫。珊瑚虫体态玲珑，色泽美丽，只能生活在全年水温保持在 22 ～ 28℃的水域，且水质必须洁净、透明度高。珊瑚虫分泌的石灰质骨骼，与藻类、贝壳等海洋生物残骸胶结在一起，堆积成一个个珊瑚礁体。珊瑚礁的建造过程十分缓慢，在最好的条件下，礁体每年不过增厚 3 ～ 4 厘米。有的礁岩厚度已达数百米，说明这些"建筑师"在此已经历了漫长的岁月。

第五节　地貌风景资源规划开发案例

一、山地地貌风景资源规划开发——张掖七彩丹霞

（一）案例地简介

张掖七彩丹霞地貌位于甘肃省张掖市临泽县、肃南县境内，发育自距今 2 亿年的侏罗纪。整个地貌形成的过程十分漫长，属我国西北干旱区典型的丹霞地貌类型，也是我国最具代表性的丹霞地貌之一。七彩丹霞地貌也是国内唯一的彩色丘陵与丹霞地貌景观高度复合区，山体绵延不绝，色彩鲜艳，好像被泼上了一层七彩的颜料，2019 年被评为国家 5A 级旅游景区，2020 年获批成为联合国教科文组织世界地质公园。

图3-40　七彩丹霞

（二）案例地风景资源

1. 自然风景资源

七彩丹霞的自然风景资源主要是地质遗迹（图3-40）。丹霞地貌群坐落于祁连山脉的北麓，是丹霞地貌和彩色丘陵复合景观地，两者相互映衬，相辅相成，是国内独特且极为罕见的地质遗迹。现在的地貌是距今1.35亿年至6 500万年前的白垩纪“红层”经由湖相沉积、构造运动、流水与风力的侵蚀等内外力的作用下形成的。

七彩丹霞风景区主要是由节理景观和丹霞地貌组成的。节理景观包括大扇贝、七彩屏、众僧拜佛、精灵闹海、仙女醉酒、夕晖归帆、彩虹峡谷等景点；丹霞地貌主要分为窗棂状宫殿式、泥乳状和巷谷式三种形态，可以在芦苇沟（仙驼迎客、双龟聚首、盼郎归、一线天）和小布达拉宫等景点观赏到。

2. 人文风景资源

七彩丹霞地貌的人文风景资源主要包括遗址遗迹、建筑与设施、地方美食和人文活动。

（1）遗址遗迹：张掖是古丝绸之路的咽喉要道，是商贸、文化、民族交流之地，也是昭武故里。

（2）建筑与设施：主要有张艺谋拍摄《三枪拍案惊奇》时建造的麻子面馆、胭脂店，以及一些传统乡土建筑，如河西民居、裕固族牙帐、蒙古包等。

（3）地方美食：有烤全羊、手抓肉、蒸饼子、血肠、奶茶、粉汤等菜品饮食，还有临泽小枣、野蘑菇、红枣汁、红枣醋、香水梨等农产品及其制品。

（4）人文活动：有彩色丘陵与太上老君炼丹炉的民间传说，河西民俗，酒文化，裕固族民俗如献哈达、喝奶茶、“尧达”崇拜、居牙帐这些地方风俗和民间礼仪，以及摔跤、赛马等民间赛事活动，还有裕固族特色饮食风俗和特色服饰。

（三）案例地规划设计理念

张掖七彩丹霞地貌是珍贵且独特的风景资源，不可再生，不可复制，规划设计理念就是在对地貌保护的基础之上，对景观资源进行合理的开发利用，让游客能欣赏感受到大自然的美，让当地居民能依托景区发展旅游经济，让所在城市能打造为闻名中外的旅游地。景区立足国际视野，通过研究世界上其他相似类的风景资源，按照国家 5A 级景区、国家级风景名胜区的高度与标准进行开发与管理。

（四）案例地景观总体空间布局

当前，张掖七彩丹霞景区的规划形成了“一轴三区”的空间布局。

“一轴”是一条多彩景观轴线，以景区内南北向的主干道为依托，串联道路周围的各个主要景点，形成观光山体的主轴，同时在这条轴线上还可以感受民俗文化。

“三区”分别是丹霞地质观光区、生态文化感悟区以及民族风情体验区。

丹霞地质观光区是丹霞地貌和彩色丘陵的分布区，对游客的吸引力最大，为游客提供了地貌观光、低空游览、丹霞摄影、飞行体验等活动。

生态文化感悟区的主要目的是作为地貌保护的缓冲带，同时也是供游客使用的综合性区域，分布着游客服务中心、餐饮服务中心等基础设施。

民族风情体验区同为地貌保护的缓冲带，该区延续丝绸之路这个大的文化背景，结合张掖的地域文化，主要目的是让游客在此处可以深刻体验裕固族的文化，获得精神上的愉悦。

（五）重要节点景观设计

1. 观景平台

目前，张掖七彩丹霞景区主要有 4 个观景台，分布在景区各处。

（1）七彩云海观景台——偶宿云海观日出

七彩云海观景台是景区的 1 号观景台，因地貌经历喜马拉雅造山运动，地层被不同程度地抬升，产生了大量的断裂及褶皱等构造，登观景台远望，仿佛置身云海之中。七彩云海观景台也是景区内最大的观景台，适合俯瞰丹霞全景，拍摄点很多，在阳光的照射下，山体多彩绚丽，气势磅礴。在观景台上可以看到大扇贝、七彩飞霞、众僧拜佛、灵猴观海等景点。

（2）七彩仙缘观景台——夕晖侧映美人卧

七彩仙缘观景台是景区的 2 号观景台，可以看到由于构造作用形成的表现为单斜山和单斜群峰的山体，地层受到风化作用后，形成了圆浑丘陵状的地貌景观。在这里可以观看睡美人、夕晖归帆、七彩屏等景点，游客会将祈福的牌子挂在山下的仙缘亭上。观景台距离山体很近，可以近距离看到对面的山体。

（3）七彩虹霞观景台——日落遇见彩丘之美

七彩虹霞观景台是景区的 4 号观景台，虽然面积最小，但是游客最多，是公认的七彩丹霞最佳观赏地。在这个观景台，游客可以看到神龙戏火、神龟问天、小布达拉宫等景点，向人们展示着紫红色、灰绿色、灰黑色等杂色疏密相生的山体层次。此处也是看日出和日落的最佳地点。尤其是在傍晚，斜阳照在山体上，地貌呈现的色彩十分绚丽。

（4）七彩锦绣观景台——中国的水墨丹青

七彩锦绣观景台是景区的 5 号观景台，因为这段山体不同色带沿山势铺展陈列，分布均匀、线条流畅，似锦似绣，故此观景台被称为“七彩锦绣台”。在这里可以看到裕固流苏、赤壁长城、丝绸天路、麻子面馆等景点。观景台面积比较小，是一条几百米长的南北单向观景路线，整体架设在一座山脊之上，下车点和上车点不在同一位置。

2. 景区北入口

北入口是景区主入口，代表着整个景区的形象，也负责为游客提供综合的服务与保障，包含游客服务中心和与之配套的景观广场，总占地面积达 545 亩[①]。主要节点有张掖丹霞国家地质博物馆、游客服务中心、餐饮服务中心、玉如意、主碑雕塑以及停车场等，这些景点构成了景区北入口外围休闲圈。

（1）建筑

北入口主要的建筑——游客服务中心采用钢筋混凝土框架结构、钢结构球形屋面，里面有售票厅、检票厅、游客休息区、卫生间、银行、超市等一系列的景区服务功能区。张掖丹霞国家地质博物馆为钢混异型空间桁架结构，设计融合了丹霞地形地貌和丹霞色彩元素，博物馆集收藏、保护、研究、展示、宣教五大功能于一体。

（2）广场

丹霞广场总面积为 21 万平方米，基础设施完善，其中生态停车场可以满足 1 800 辆车同时停放。广场上主要的构筑物是主碑雕塑，矗立在广场中央。广场上还设置了木制景观座椅，摆放位置和形状依据底层铺装来放置和设计。还有用挡土墙作边界的种植池，作为广场上的绿色景观。

（3）铺装

整体的铺装非常有特色，提取七彩丹霞的主要颜色，采用红、黄、灰三色地砖作为主要材料，主要运用曲线来进行平面的设计，仿佛景区内部连绵起伏的山体，形状非常飘逸，红、黄、灰三色相交，同时曲线的铺装也起到指引方向的作用，游客会随着地面的曲线往前走。

---

① 1 亩 =666.7 平方米。

二、海岸地貌风景资源规划开发——青岛凤凰岛

（一）案例地风景资源概述

1. 案例地简介

凤凰岛旅游度假区原名薛家岛旅游度假区，位于青岛经济技术开发区东南部，三面环海，西北侧与陆地相连，东侧与青岛老市区隔海相望（图 3-41）。度假区整体分为山里景区、金沙滩景区、银沙滩景区及竹岔岛景区。其中最长的一处因沙质金黄故得名“金沙滩”，长 3.5 千米，宽 300 米，呈月牙形南北展开，滩平沙细，风小浪静，水色透明，堪称岛城第一，已辟为海水浴场，是旅游度假区中的重要旅游景点之一。2000 年，世界旅游组织专家实地考察后一致认为：凤凰岛是中国整个海岸线上资源条件最为优越的海滨旅游度假区之一，“完全可以建成一处无论在国内市场，还是在国际市场上均具吸引力的旅游目的地”。2015 年 10 月，凤凰岛旅游度假区被批复为首批国家级旅游度假区。

2. 案例地风景资源

凤凰岛自然风景资源包括金沙滩、银沙滩、竹岔岛、海上日出等。凤凰岛人文风景资源包括金沙滩音乐节、青岛国际啤酒节、青岛国际海洋节等。凤凰岛地方特色美食有美达尔烤肉、青岛啤酒、薛家岛老尹家海参等。

（二）案例地风景资源规划设计的原则、理念

1. 规划设计原则

可持续发展原则。这是凤凰岛旅游开发必须遵循的首要原则，旅游业是一项对

图3-41　凤凰岛旅游度假区

图片来源：青岛市情网

环境依赖性很高的产业，凤凰岛旅游资源虽然较优越，但旅游生态十分脆弱。在开发中，必须坚持生态容量的概念，把建立旅游业与环境的良性互动关系放在首位，充分考虑资源和环境对旅游开发的承受力，以实现资源和环境的永续利用。

市场导向原则。总体来说，旅游开发是以旅游的供需关系和市场导向为核心。旅游必须面向市场、研究市场、拓展市场，以客源市场需求为依据确定旅游开发项目。一方面使自己的产品适应市场的现实需求，另一方面还要超前开发新产品，满足市场的潜在需求，引导旅游市场的新需求。

综合协调原则。凤凰岛旅游开发，必须贯彻发展大旅游和大区域的思想，从构建山东大旅游格局出发，加强与周边旅游区的分工协作，互为补充，避免重复建设。

产业联动开发原则。旅游业要以开发旅游产品为主体，使吃、住、行、游、购、娱六大要素开发成一条龙配套，形成旅游综合生产力，延长游客停留时间，使游客乐意在凤凰岛消费。

突出特色开发原则。旅游是特色经济，没有特色、发展趋同，便丧失竞争力和生存基础。凤凰岛要在充分认识本区旅游资源特色和发展条件的基础上，准确把握国内外市场旅游需求的发展变化和旅游产品的发展趋势，以优势资源为基础，突出自己的特色，而不是进行简单的模仿和复制。

2. 规划设计理念

凤凰岛规划形成“凤鸣东方，和悦四海”的总体形象定位，强调开放、和谐的形象基调，突出凤凰岛“拥海悦鸣”的形象特色。针对“生态的底色、音乐的主题、旅游的功能、建筑的艺术”四项规划要求，凤凰岛规划设立了绿色低碳活力生态岛、音乐之岛核心体验区、国际滨海旅游度假区、建筑艺术魅力荟萃区四个分目标。

（三）功能分区与主要节点设计

1. 功能分区

在四个分目标的基础上，凤凰岛规划了 4 个风貌分区，分别为田野缓丘风貌区、城市活力风貌区、工业文化风貌区、山海交融风貌区。

田野缓丘风貌区呈现“院落屋舍，日落潮退灯火上”的风貌意向，营造动态连续、富有韵律的天际轮廓线，保证区域内制高点（吉山、温山）可见，严格控制新建建筑高度，避免破坏整体天际线韵律。

城市活力风貌区呈现“城畔听涛，风来沙涌街市闹”的风貌意向，营造动态连续、富有韵律的天际轮廓线，保证通海街道的开敞性，保证视线畅通。

工业文化风貌区呈现“融乐于铁，匠音阵阵话新景”的风貌意向，维持现状天际线景观，严格控制新建高层建筑，保证区域内制高点（山体）可见。

山海交融风貌区呈现“海山叠翠，晓辉云稀城初露”的风貌意向，尊重现状以自然山体为主导的天际轮廓线，严格控制新建建筑高度，保证区域内制高点（山体）可见。

2. 主要节点的景观设计

（1）金沙滩公园

金沙滩公园位于山东半岛南端的黄海之滨，南濒黄海，呈月牙形东西伸展，长约 3 500 米，宽约 300 米。在空间整体布局设计上，公园包括三个下沉广场（西部、中部、东部下沉广场）、两个儿童游乐场、两处停车场。金沙滩公园的游乐与休憩节点非常多，也着重考虑为不同年龄段的人们提供对应的休憩空间。

（2）唐岛湾段滨海

唐岛湾段滨海景观位于青岛经济技术开发区南部，在滨海公路与唐岛湾之间，东西长 7.2 千米，占地 100 万平方米。其由以生态保护为主题的滨海生态公园，以室内休闲运动与非动力船艇海上休闲运动为主题的运动休闲娱乐中心、亲水广场，以艺术交流与艺术品展示为主题的公共艺术园，以旅游集散为主要功能的市民广场、人与自然公园，以商务休闲与海上船艇运动为主题的码头休闲娱乐村七个功能区域组成。景观在设计上突出体现人类与海洋之间的关系，“与海为邻”是整个滨海景观的主题。海边景致呈层次性设计，整个海边的空间都反映出人类与海洋之间的关系日益改变的深度，并通过细致的景物反映出来。

① 临水空间的景观成为设计重点

临水空间是唐岛湾段滨海景观中毗邻海边的空间，是设计表现的重要节点。合理利用与设计临水空间，成为景区中最具有特色、最吸引旅游观光者眼球的空间平台，通过自然水景与人工景观交相辉映来增加景色，供人们欣赏。亲水堤岸是设计者重点营造的活动场所，用于开阔人们视野、增加景区的亲水性。增添临水设施、修建旅游观光码头也是唐岛湾段滨海景区的一大特色，让人们与大海亲密接触，欣赏海上风光。

② 滨海景观空间类型的多样化

唐岛湾段滨海景观空间类型多样化，它可以分为旅游休闲的空间、生态资源多样的空间和与城市空间相连接的空间。在不同的自然环境和人工造景影响下，滨海景观各空间结合的方式也都具有各自的特点：以自然环境为主的，重点是保护生态资源；以旅游为主的，主要是考虑到人们的休闲场所，营造良好的环境氛围。

③ 滨海景观带的连续性

唐岛湾段滨海区以步行空间为主，铺装设计上带有海洋元素，材料多样，形成连续的步行带，有利于人们观赏以水体形态展开的连续景观带，形成视觉上的形式美感。

三、沙漠地貌风景资源规划开发——敦煌鸣沙山月牙泉

（一）案例地简介

鸣沙山月牙泉位于西北内陆的敦煌盆地，属沙漠地貌，因风堆积成低山丘陵地形（图 3-42）。沙山起伏的高低主要受下部地形即基岩面的控制，其形态既有古地形的痕迹，又有现代风沙地貌的特征，在山前地带多有新月形沙梁的展布。之所以被称为“鸣沙山”，是由于各种气候和地理因素的影响，以石英为主的细沙粒，因风吹震动，细沙滑落或相互运动，众多沙粒在气流中旋转，表面空洞造成“空竹”效应，发出嗡嗡作响的声音。月牙泉处于鸣沙山环抱之中，其形酷似一弯新月而得名。

（二）案例地风景资源

1. 沙漠景观

鸣沙山的山被细沙覆盖，聚集成一座座山丘。沙峰起伏如盘龙盘旋，金光闪闪，宛如一座金山。沙有黄色、金色、白色等多种颜色，不同的时刻呈现不同的色彩，晶莹透亮、一尘不染。沙山的形态也各有不同，有一些弯弯曲曲，似月牙，又像镰刀，连接起来，形成一条蜿蜒的沙链；有的像金字塔，顶上耸立，有棱角；有的如鱼鳞，小山相接。由于海拔的原因，鸣沙山晴天夜晚的天空更显低垂，墨蓝的夜空满天星光闪烁，四周都是星星。鸣沙山夜景也很有观赏价值。

图3-42　鸣沙山月牙泉

2. 声景观

鸣沙被认为是一种神奇的自然现象和极具科学奥秘的地质遗迹。作为一种“地球声”的自然声景观，鸣沙更是一种独特的声景观。滑沙时，声音会随滑动速度的变化而变化。挖沙、拨沙、蹚沙、撒沙时，鸣沙也会发出声音，令人

惊奇而又乐在其中。鸣沙山好比天然的大乐器，人与地（鸣沙沙丘）合奏出动听悦耳并趣味盎然的交响乐曲。

3. 沙泉共生景观

历来水火不能相容，沙漠与清泉难以共存。但是月牙泉就像一弯新月落在黄沙之中，泉水清凉澄明，味美甘甜，在沙山的怀抱中静静地躺了几千年，虽常常受到狂风暴沙的袭击，却依然碧波漾漾、水声潺潺。

（三）景观规划设计原则

鸣沙山月牙泉的规划遵循尊重本地历史文化和保护自然肌理的原则。自然天成的沙漠和人类为适应特殊自然环境而产生的绿洲、田园和家园是规划设计最需要去保护和呈现的景观。

1. 保护和开发相结合

《鸣沙山·月牙泉风景名胜区总体规划 2010—2025》为沙山保护与决策管理提供了依据，以更好地保护山泉资源，有效地保护以鸣沙山月牙泉为主体的景观资源，形成科学合理的生态景观安全格局，最大限度地减少人为因素对环境的干扰和破坏。同时，建成局部环境与沙山动态变化监测系统，科学布设监测设备，对沙山动态变化进行数据分析。

2. 尊重自然规律

鸣沙山景区的规划遵循自然的发展规律。景区内的建筑建造符合气候地质条件，植物的种植符合地域特点。改造月泉阁建筑群，增加其东西向透风度，可有效缓解月泉阁西侧南沙山北坡的严重积沙。修复北沙山东南臂，使其对进入大泉湾的气流起到原有的合理分流，从而有效缓解北沙山迎泉坡的加积性前移和大泉湾西部积沙，并有效遏制南沙山迎泉坡向泉内移动。

3. 简约生态

景区的整体规划避免繁杂，避免哗众取宠，以纯天然的景致取胜。整个景区景点设置风格和大自然浑然一体。

（四）重要节点规划设计

鸣沙山景区是以一条景观大道贯穿景点，沿景观大道分布着不同的景点，在景观大道的末端是主要景点——月牙泉。

1. 月泉湾景区

月泉湾景区主要展示大泉湾、小泉湾、典型金字塔沙丘和历史文化遗址等景观，游览方式以静态观赏为主。

月牙泉水量充足，泉边植被茂盛；泉湾植物景观突出“月泉晓澈”的奇观，保留芦苇草甸，增加了柽柳、扫帚草、骆驼刺、罗布麻等植物种类，形成极具西域特色的湿地景观。月牙泉边南岸台地上，有一组古朴素雅、层台累榭的庙宇群——鸣月阁。这组建筑历史最早可追溯到汉代，设计借鉴了敦煌壁画的建筑形象，布局对称，用回廊环绕、楼阁层出的空间结构再现人间仙境。

建筑群在彰显古朴典雅的同时又不失西部雄浑、壮美的特性。建筑群在设计中巧妙处理了自然景观和建筑的关系，力求在不影响自然景观美感的前提下，做到与月牙泉共生、与沙山对比，以增强“沙水共生”的自然景观特征。

2. 响沙坡景区

响沙坡景区是指小泉湾东侧沙丘东北坡至罗家趟的范围，这一区域旨在感受自然、鸣沙听雷，开展有滑沙、攀登沙山等动态沙漠参与项目。

鸣沙山体量巨大，绵延 40 千米，有百余米相对高差，在自然风力作用下，形成了特殊的金字塔沙丘，在宏大的空间尺度下，沙丘由某种构成不断组合、叠加，形成大自然鬼斧神工的大地艺术。这一区域基本以沙丘和戈壁形态存在，原则上尊重其现有的生态结构，不做大面积绿化改造。这一区域旅游资源丰富，极具沙漠风情，因其独特资源可就地开展探险观光等体验类活动，如大漠乘驼、滑沙、沙漠摩托、沙漠越野车、直升机、滑翔机等。

3. 鸣月广场的牌坊

鸣月广场中央的牌坊是景区标志性建筑之一，建筑上的吉祥物更是赋予人们对美好生活的向往。牌坊为仿唐宋古建筑，整体呈“八卦”形，顶上是一对头喙相向展翅飞翔的鸽子形状，两侧是两扇从中心向侧前延伸出去的屏风，正面上方是著名书画家启功先生题写的“鸣沙山月牙泉”匾额，牌坊正中立柱和背面有著名书法家沈鹏先生和知名人士汪济夫先生题写的诗句和牌匾。

4. 敦煌民俗博物馆

敦煌民俗博物馆始建于 1988 年，是仿照清代末年建筑风格的具有敦煌特色的古堡式建筑，主要展示敦煌的民间文化、宗教信仰、衣食住行等，集中反映丝绸之路上人民的生活风貌。

思考与练习

1. 简述地貌资源与风景资源的关系。

2. 地表形态多种多样，一般是由哪两种力量综合作用而成的？

3. 从自然地理环境角度分析我国南方为什么方言多。

4. 地貌间接育景功能体现在哪些方面？

5. 我国地貌类型复杂多样，都有哪些？总体特征如何？

6. 地貌风景资源有哪些特点？

7. 地貌风景资源有哪些旅游价值？

8. 我国风景名山大致可为哪三大类？花岗岩地貌类型有哪几种？

9. 我国喀斯特地貌著名景区有哪些？

10. 喀斯特地貌中的峰丛、峰林、孤峰三者之间存在怎样的时间与空间关系？

11. 丹霞地貌典型的形态有哪些？

12. 我国有哪三个丹霞地貌的分布地带？

13. 世界遗产“中国丹霞”包括哪六个地方？

14. 丹霞地貌的美学特征包括哪些？

15. 我国南北丹霞的差异具体表现在哪些方面？

第四章

Chapter 04

水体风景资源

本章学习重点与目标

（1）了解水体风景资源的概念、类别、吸引力和功能

（2）理解不同水体风景资源的细分类别、景观特征和功能

（3）了解不同水体的典型风景资源地

（4）学习典型水体风景资源地景观规划开发的原则、策略、空间布局及关键节点的景观设计，提升独立思考、自我判别的能力

第一节　水体风景资源概述

一、水体风景资源的概念

水是地球上最常见的物质之一，地球表面有71%被水覆盖。水体是指以陆地为边界的水域，是河流、湖泊、沼泽、水库、地下水和海洋的总称。水及其中的溶解物、水生生物和底泥等，共同构成完整的自然综合体。

世界气象组织（WMO）和联合国教育、科学及文化组织（UNESCO）（简称联合国教科文组织）的《国际水文学名词术语》（第三版）认为水资源是指可资利用或有可能被利用的水源。水体风景资源是指具有审美价值、对人们有吸引力的可资利用或有可能被利用的水体及水文现象。

根据国家标准《旅游资源分类、调查与评价》（GB/T 18972—2017），可将水体资源分为河系（游憩河段、瀑布、古河道段落）、湖沼（游憩湖区、潭地、湿地）、地下水（泉、埋藏水体）、冰雪地（积雪地、现代冰川）、海面（游憩海域、涌潮与击浪现象、小型岛礁）。

按所处的位置，可将水体大致分为地面水体、地下水体和海洋三类。它们之间是可以相互转化的。在太阳能、地球表面热能的作用下，通过水的三态变化，水在不同水体之间不断地循环着。

二、水体风景资源的美学构成

水体是风景资源的重要组成部分，水体风景资源的吸引力一般与以下几个因素

有关。一是水体的卫生环境质量（水质）：水质的清洁度；二是水体自身的优美度：水体自身的形、色、味以及倒影等；三是与水接触的自然环境：岩石、土壤、大气、生物，以及地形、水文条件和气候等。

水体风景资源的吸引力一般是由其态、声、色、味、影、奇等要素构成的。

（1）水态——形象美

每一种水体都有一定的形态风韵，有的以静为主，有的以动为主，大都动静结合，创造出不同的意境，比如海洋波澜壮阔、湖泊一平如镜、河流奔流不息、瀑布跌宕飞溅、泉水安静清澈、冰雪晶莹剔透等各有不同的美。皖南宏村的南湖映衬着古村落，尽显宁静古朴之美（图 4–1）。委内瑞拉安赫尔瀑布作为世界上落差最大的瀑布，高达 979 米，气势恢宏、飞流直下（图 4–2）。

（2）水声——声音美

水体在受到外力冲击或流动时会发出多种声音，这些不同的声音往往会给人以听觉上的享受。水声是多数水景构景要素的一部分，有些水景正是以其独特的水声取胜。飞瀑的轰鸣、泉水的叮咚、大潮的怒吼等既给人以强烈的动感，又悦耳动听，给人以音乐美的享受。

（3）水色——色彩美

水原本无色无味，人们能看到不同颜色的水主要受以下因素影响：透射水底不同基岩水草的颜色；反射岸边的景物岩石色彩；水体中悬浮物质、浮游生物发生折射、散射。如黄河因含沙量大，成为世界上特有的黄色巨流，在阳光下像一条金色的带子。泰山五大奇观中就有“黄河金带”，即站在岱顶上看黄河，黄河似一条金

图 4–1　皖南宏村南湖

图 4–2　委内瑞拉安赫尔瀑布

图4-3 澳大利亚赫利尔湖

图片来源：澳大利亚旅游局上海办事处网

图4-4 九寨沟水

图4-5 山水倒影

带。桂林漓江山水被比喻成“江作青罗带，山如碧玉簪”。澳大利亚赫利尔湖位于米德尔岛，也被称为“小粉湖”，椭圆形的湖面，粉红色的湖水，有人将其形容为一块蛋糕上的糖霜，当地人称之为大自然的少女心（图4-3）。至于为什么会有这么一片粉红湖，至今仍是个谜。

九寨沟的美景，美就美在水的清澈、水的晶莹、水的多彩，素有“黄山归来不看岳，九寨归来不看水”之说（图4-4）。美国黄石国家公园里有各种火山湖，色彩斑斓。

（4）水味——味道美

水体本为无味的液体，但有些水体却给人以味觉美、嗅觉美，这些水体也因此带有浓郁的神秘色彩，吸引众多的游客前往探秘和旅游。我国浙江的虎跑泉、龙井泉、玉泉3大名泉，山东的趵突泉，陕西的甘泉，山西的晋祠泉等，水质清澈，甘甜醇香；希腊境内的奥尔马加河，河水甜度相当于蔗糖的75%，被人们称为“甜河”；非洲安哥拉的勒尼达河，河水能散发出扑鼻的香味，被称为“香河”；西湖有“双绝”——龙井茶和虎跑泉，用虎跑泉的水泡龙井茶，口感最好。

（5）水影——影像美

水体不仅有自身的形象美，而且能够映出其他景物的影像，这是水体独特的造景功能（图4-5）。特别是对于面积较大的静态水域而言，这种功能显得尤为突出和重要。影像美一方面与水体的面积、形状和水质有关，另一方面还受实体景观的位置、高度和形状的影响。

（6）水奇——奇特美

有的水体具有奇特的现象，如安徽寿县的“喊泉”、四川广元的“含羞泉”。只要把一块小石头往“含羞泉”的泉水里一扔，泉水受到回声与波震的影响，就缓慢地缩回去，水面降低，就像一位见了生人就脸红的姑娘一样，立即羞羞答答躲起来，过一会儿，泉水又慢慢涌出，由细变粗。美国黄石国家公园的“老忠实泉”每隔一段时间就喷发一次，从未爽约，所以人们给它起名“老忠实泉”。

另外，各种富含微量元素的泉水具有可饮、可浴、可医、可赏的功用。

三、水体与风景资源的关系

（一）水体本身就是风景

有些水体自身具有丰富的美感，可以独自成景，如形象美、色彩美、声音美、影像美、味道美等。不同的形态构成不同的美学特征，如惊涛骇浪、飞瀑直下具有气势美；潺潺溪流、叮咚泉水具有自然美；名泉泡茶、名泉酿酒具有味道美，可满足不同类型、不同层次人们的审美需求。

（二）水体是最重要的构景要素之一

水体可以独自成景，更具有组合成景的功能。水与山、水与生物、水与气候、水与建筑等相互结合，构成了更丰富的风景。“山无云则不秀，无水则不媚”，桂林有山有水，才能成就“甲天下”的地位。喀斯特地貌的形成与水息息相关，我国南方的丹霞地貌之所以美也是因为“丹山碧水”相映成趣。

（三）水体是孕育人类文明最重要的要素之一

水不仅是自然风景的重要构成要素，更是孕育人类文明的最重要的要素之一，是万物之源，也是人们智慧和情愫的催化剂。在这颗蓝色的星球上，最古老的文明都是依水而起，沿水而兴的。古巴比伦在两河流域苏醒；古埃及在尼罗河畔萌生；古印度依傍着恒河繁衍；而中国，沿着黄河、长江的脚步，一路向前。

（四）水体是最富有普遍吸引力的康乐型自然旅游资源

以水为主题开发的活动有很多，如海水浴、温泉浴、游泳、潜水、划船、漂流、滑水、冲浪、垂钓等，都很受人们的欢迎。

（五）水体对其他自然风景资源的形成有深刻影响

水的作用雕刻出了大自然的许多地貌，如岩溶地貌、海岸地貌、冰川地貌等。

桂林山水就是由水的侵蚀作用形成的，北美洲五大湖的苏必利尔湖南岸的画石国家公园也是一处由湖水侵蚀而成的著名景观。

（六）水体使周边气候更加舒适

水体可以减小气温变化幅度（因为水的热容量大于陆地），在水陆交界地区形成水陆风（由水、陆温度差引起）；水体能够增加空气湿度（水体水分蒸发、水汽丰富），使环境负离子浓度升高、空气清新。所以，有水的环境气候会更加舒适。

第二节　典型的水体风景资源分述

按照水体形态的不同，这里将水体风景资源分为河流风景资源、湖泊风景资源、瀑布风景资源、泉水风景资源几种常见的类型。

一、河流风景资源

（一）河流风景资源的概念

河流是指地表线形积水洼地，是最主要的地表水流，以一定流域的地表水、地下水或冰川融水为补给来源，并沿着狭长的谷槽流动的水体。河流风景资源则是指那些具有美学价值、能够引起人们审美与欣赏并能在一定条件下产生经济效益的河段。

世界四大长河分别为：尼罗河，长 6 670 千米，是世界上最长的河流，也是埃及文明的发源地；由于测量方法各异，第二长的亚马孙河的长度并无定论，河长有着多种不同的说法，其中之一即为常见的 6 400 千米；第三长河就是我国的长江，长 6 300 余千米，是我国第一长河；美国的密西西比河位列第四，全长 6 000 余千米。

（二）河流风景资源的分类

以下四类河流具有比较好的风景价值，分别是急流涧溪型河流、峡谷型河流、三角洲型河流以及人工河流。

急流涧溪型河流：多发育在河流上游的高山地区，如长江上游的金沙江，是泛舟漂流的好地方。

峡谷型河流：是江河上最迷人的胜境。一般这种河流，江面狭窄、水流湍急，峡谷幽深曲折，如长江三峡、武夷山的九曲溪。这种河流适合一边乘船或乘漂流设备，一边观赏两岸的峡谷风光。

三角洲型河流：在河流带来大量泥沙倾泻入海或湖泊的地方，往往形成一个近似三角形的平原，即三角洲，如长江三角洲、珠江三角洲、多瑙河三角洲等。这种河流一般河道宽阔、水流平稳、地势平坦、土壤肥沃、芦苇茂密、鸟类群集，是最适宜人类居住的地方。

人工河流：人类有意去挖掘而成的河流，如我国的京杭大运河、埃及的苏伊士运河、美洲的巴拿马运河。

知识链接

世界三大运河

京杭大运河始建于公元前486年，迄今已有2 500余年的历史，途经今我国浙江、江苏、山东、河北四省及天津、北京两市，贯通海河、黄河、淮河、长江、钱塘江五大水系，全长约1 797千米。京杭大运河是世界上里程最长、工程最大的古代运河，与长城、坎儿井并称为中国古代的三项伟大工程。2014年6月22日，第38届世界遗产大会宣布，中国大运河项目成功入选世界文化遗产名录，成为中国第46个世界遗产项目。这次申遗共包括河道遗产27段以及运河相关遗产58处。

苏伊士运河于1869年修筑通航，北起塞得港、南至苏伊士城，在塞得港北面掘道入地中海至苏伊士的南面，沟通地中海与红海，是亚洲与非洲的分界线，同时也是亚非与欧洲最直接的水上通道，提供从欧洲至印度洋和西太平洋附近的最近航线，全长190千米。苏伊士运河是世界使用最频繁的航线之一，也是亚洲与非洲的交界线，是亚洲与非洲、欧洲人民往来的主要通道。

巴拿马运河于1914年开始通航，位于中美洲的巴拿马，横穿巴拿马地峡，连接太平洋和大西洋，是重要的航运要道，被誉为世界七大工程奇迹之一，全长65千米。巴拿马运河由巴拿马共和国拥有和管理，属于水闸式运河，也是南美洲和北美洲的分界线。

（三）河流风景资源的特点

河流一般比较长，也不是整条河都具有风景资源价值，能够成为风景资源的河段一般具有以下某个或某几个特点。

江河沿岸常是生产发达、人口集中的地方，人文景观丰富多彩。如华夏文明起源于黄河、长江中下游地区；印度文明起源于印度河、恒河流域；阿拉伯文明起源于美索不达米亚平原两河流域（底格里斯河和幼发拉底河）；埃及文明起源于尼罗河流域。

江河与沿岸景观共同构成美丽的风景，适合观赏游览。如长江三峡的自然景观，泰晤士河畔、塞纳河畔等城市的滨河景观都是江河与沿岸景观共同构成的美丽风景。

走廊式观光，景观富于变化，能够欣赏更多的与水景有关的综合美。比如，长江游线路，既可以欣赏上游峡谷险峻的风光，也可以体验中下游平原风光。

河流风景资源适宜开展多种旅游活动，可以满足不同旅游者的需求。

（四）典型河流风景资源

1. 黄河流域风景资源

（1）黄河概况

黄河是我国第二长河，全长约 5 500 千米，流域面积约 75 万平方千米（图 4–6）。黄河发源于青海省青藏高原的巴颜喀拉山脉，有三个河源，一是扎曲（一年大部分时间干涸），二是约古宗列曲（仅有一个泉眼，是在一个小盆地里），三是卡日曲（有五个泉眼，流域面积也是三个中最大的，旱季也不干涸，是黄河的正源）。黄河在山东省东营市垦利区黄河口镇境内流入渤海。

自西向东，黄河分别流经青海、四川、甘肃、宁夏、内蒙古、陕西、山西、河南及山东 9 个省（自治区），呈“几”字形。

图 4–6　黄河上游

黄河干流流经区地形复杂多变。其流经地域有青藏高原、黄土高原、内蒙古高原、华北平原，还有塞上江南的河套平原与宁夏平原。

（2）黄河上、中、下游

黄河分为上、中、下三段，上游是从源头到内蒙古的托克托县河口镇，河段全长 3 472 千米，流域面积为 38.6 万平方千米，流域面积占全黄河总流域面积的 51.3%。上游水量大、多峡谷、富水力，总落差为 3 496 米，适合水力发电。从河口镇至河南郑州桃花峪为黄河中游，是黄河洪水和泥沙的主要来源区，汇入的较大支流有 30 条。中游多支流、多泥沙。河口镇至禹门口是黄河干流上最长的一段连续峡谷，河段内支流绝大部分流经水土流失严重的黄土丘陵沟壑区，是黄河泥沙，特别是粗泥沙的主要来源。自桃花峪到渤海一段为黄河下游。下游河道为地上悬河，支流很少，除南岸东平湖至济南区间为低山丘陵外，其余全靠堤防挡水。

（3）黄河流域风景资源特征

地貌类型齐全。黄河流域兼具山地、海滨、平原、高原、湖泊、河流、丘陵等地貌，地貌类型多样，形成不同类型的地貌风景资源，名山众多。五岳中的泰山、华山、嵩山、恒山都在本区；还有佛教名山五台山、道教名山崂山、鸡公山、盘山；在太行山及其山麓，还有王屋山、云台山、苍岩山、障石岩等景色各异的山岳风景区；位于太行山和燕山交接处的野三坡，极富原始野趣，其雄、险、奇等景观为本区罕见；山西北武当山、五老峰等，也是我国名胜。

江河湖海广布。黄河流域兼有黄河、海河、淮河、长江四大水系，以黄河水系和海河水系为主。东部的渤海、黄海之滨是我国著名的滨海旅游胜地，是消夏避暑和海水沐浴的良好场所。其中秦皇岛、北戴河、南戴河、烟台、青岛、庙岛列岛等地是非常理想的阳光海滩旅游胜地。

华夏文明发祥地，人文旅游资源博大精深。黄河流域是儒家文化、黄河文化的发祥地，也是中华民族和我国古代文明的发祥地。在中国七大古都中，安阳、西安、开封、洛阳、北京都在本区，文物古迹极其丰富，被列入世界遗产名录的文化遗产项目多达 18 处，是我国各大旅游区中最多的。

历史名人众多，帝陵众多。黄河流域有五大古都，是我国古代的政治中心，自然就有众多的帝王将相和历史名人，如轩辕黄帝（陕西黄帝陵）、炎帝（宝鸡炎帝陵）、颛顼和帝喾（河南内黄二帝陵）、尧（临汾尧庙、尧陵等）、舜（山西运城舜帝陵）、禹（山西芮城大禹渡）、燧人氏（河南商丘燧人氏陵）、思想家老子和孔子（山东曲阜）、孟子（山东邹城）、庄子（河南民权庄周故里）、周文王（河南汤阴羑里城，此地为易经之源）、秦始皇（陕西临潼秦始皇陵）等。

宗教文化璀璨。黄河流域是我国宗教发展最早的地区。第一座佛寺洛阳白马寺、第一座佛教名山五台山均在本区。我国的四大佛教石窟，敦煌莫高窟、龙门石窟、云冈石窟、麦积山石窟以及最大的道教石窟龙山石窟、最大的道观白云观均在本区。

红色资源较多。黄河流域是近代中国革命的发源地、名人聚居地，因此革命遗址、遗迹、纪念地较多，如陕西延安、山东沂蒙、河北西柏坡、太行山红色旅游区等都是红色旅游胜地；另有北京大学红楼，毛泽东、鲁迅、宋庆龄故居，河北清苑县的冉庄、北京顺义区焦庄户等地还有地道战遗址。

知识链接

黄河入海口为什么没形成大城市

长江、珠江入海口都形成了大城市，而黄河却没有，这是为什么？这是因为历史上，黄河经常决堤，发生洪涝灾害，并多次改道，河口位置不稳定。1855 年黄河改道经由山东入渤海，这导致黄河三角洲的历史只有 150 余年，而今天的黄河入海口是 1976 年 5 月形成的。再加上入海口生态环境脆弱（海水倒灌、土地盐碱化严重）、黄河水量不稳定、航运条件差等原因，所以黄河三角洲并没有形成大城市。

2. 长江流域风景资源

（1）长江概况

长江是世界第三长河、我国第一长河，全长 6 300 余千米，流经地域达 180 万平方千米，约占我国国土面积的 20%（图 4-7）。长江发源于青藏高原的唐古拉山脉。干流流经青海、西藏、四川、云南、重庆、湖北、湖南、江西、安徽、江苏、上海 11 个省、自治区、直辖市，于崇明岛以东注入东海。长江有多条支流，大的支流如雅砻江、大渡河、岷江、嘉陵江、乌江、汉江、沅江、湘江、赣江、洞庭湖、鄱阳湖、太湖等；沿途的大城市有重庆、武汉、南京、上海等；沿途还有两个大坝，即葛洲坝和三峡大坝。

长江干流流经地地形复杂多变，流经地域有青藏高原、横断山区、云贵高原、四川盆地、长江中下游平原，西高东低，正是“一江春水向东流”。

图 4-7　长江上游

（2）长江上、中、下游

长江干流宜昌以上为上游，长 4 504 千米。上游落差大，峡谷多。水能丰富的宜昌至江西湖口（鄱阳湖流入长江的地方）为中游，长 955 千米，流域面积为 68 万平方千米。中游多曲流、支流，湖泊众多。湖口以下为下游，长 938 千米，流域面积为 12 万平方千米。下游江阔水深，水流缓，支流少，江海相连，航运便利。

（3）长江流域风景资源特征

地貌资源丰富。长江流域地形多种多样，有高山、丘陵，亦有平原和湖泊。上游多峡谷急流，有长江三峡、长江小三峡等；中游多曲流、支流，多湖泊，孕育鱼米之乡；下游水流平稳，江阔水深，孕育江南水乡、人间天堂。

长江流域物产丰富。长江流域内有 3.7 亿亩肥沃的耕地，占全国总耕地面积的四分之一。产粮几乎占全国的一半，其中水稻达全国总量的 70%。长江广阔的江河湖沼是我国的天然鱼仓，这里的淡水鱼产量占全国的三分之二。同时流域内矿产资源也很丰富。据不完全统计，长江流域现有水生生物 1 100 多种，其中鱼类 370 多种、底栖动物 220 多种和其他上百种水生植物。长江流域是我国众多珍稀濒危水生野生动物的重要栖息繁衍场所，拥有白鳍豚、中华鲟、江豚、大鲵、胭脂鱼等国家一、二级重点保护水生野生动物。

各段风景迥乎不同。上游多峡谷型的风景资源，如长江第一湾（图 4-8）位于云南省西北部的丽江市石鼓镇与云南香格里拉市南部沙松碧村之间，海拔 1 850 米。前人有诗云："江流到此成逆转，奔入中原壮大观。"虎跳峡香格里拉段，"险"名天下，是我国最深的峡谷之一，也是著名的旅游景点。长江三峡西起重庆市奉节县白

图4-8 长江第一湾

帝城，东至湖北宜昌市南津关，全长193千米，沿途两岸奇峰陡立、峭壁对峙，自西向东依次为瞿塘峡、巫峡、西陵峡。上游的西藏、青海、云南多少数民族文化及宗教文化。云南大理、丽江等都是历史文化名城；四川、重庆沿江的历史文化名城也很多。

长江中下游地貌地形以长江三角洲冲积平原为主，除三角洲冲积平原外，还有花岗岩山岳及其风化地貌、石灰岩地貌、丹霞地貌、火山地貌、海岸地貌等类型。

中下游风景名山之多，位于全国之冠，主要有黄山、九华山、衡山、庐山、三清山、龙虎山、雁荡山、普陀山、武当山、神农架、武陵源等。

中下游集中了众多的大中小型城市。上海、南京、杭州、南昌、长沙、苏州、武汉、宜昌、合肥、重庆和成都等大城市都在长江流域。长江像一根银线串珍珠，把干支流上几十个名城重镇紧密联结在一起。

中下游古典园林独放异彩。长江流域优越的水资源、植被、气候条件以及丰富的石料，为建造园林提供了最基本的物质条件。江南私家园林自成一体，苏州园林更是名扬天下，扬州、南京等地的古典园林也不少。

中下游河湖密布，水资源非常丰富，所以水景资源也丰富。在此区域，可以观赏到很多湖泊景观、风景河段、小桥流水人家的江南水乡景观等。

中下游宗教旅游资源多元化。长江中下游同时拥有佛教、道教、天主教旅游资源，比如佛教名山九华山，道教名山龙虎山、三清山、齐云山等，以及上海徐家汇天主教堂等。

二、湖泊风景资源

（一）湖泊风景资源的概念

湖泊是地面上的洼地积水而形成的比较宽广的水域。由于河流携带的泥沙不断堆积，湖泊日益变浅，同时湖岸植物生长茂盛，残体堆积，导致湖泊面积逐步缩小。

当湖泊面积缩小到一定阶段，植物长满了原来的湖泊时，湖泊就转化成沼泽。沼泽或湿地是地表常年湿润或有薄层积水，生长湿生和沼泽植物的地域。

知识链接

世界十大湖泊

按面积排序，世界十大湖泊如下。

里海，世界最大的（咸）湖泊，面积为37.1万平方千米，位于欧洲、亚洲交界处，与5个国家接壤，也是世界上接壤国家最多的湖。里海是古老地中海的一部分，曾与地中海连接，所以现在湖中也有多种海洋生物。后来由于大陆漂移，使得里海与地中海分开，成为一个大的湖泊，至今里海仍有不少与地中海相似之处。这类湖泊也就是“海迹湖”，或叫“潟湖”。

苏必利尔湖，面积为83 360平方千米，是世界第一大淡水湖，北美五大湖之一，横跨美国和加拿大两国，总蓄水量约占全世界淡水湖总量的1/5。

维多利亚湖，面积为68 000平方千米，跨越坦桑尼亚、乌干达和肯尼亚三国，是非洲最大的淡水湖，世界第二大淡水湖，也是公认的世界上最美的湖泊。

咸海，面积为64 500平方千米，位于中亚的哈萨克斯坦和乌兹别克斯坦交界处，是咸水湖。20世纪下半叶以来，因人类不科学的过度利用，咸海面积迅速萎缩。

休伦湖，在美国、加拿大境内，面积为59 580平方千米。

密歇根湖，在美国境内，面积为58 016平方千米。

坦噶尼喀湖，跨布隆迪、坦桑尼亚、赞比亚三国，面积为32 900平方千米，最深处达1 470米，仅次于贝加尔湖，是世界第二深湖。

贝加尔湖，在俄罗斯布里亚特共和国和伊尔库茨克州境内，面积为31 500平方千米，最深处达1 637米（2015年），是世界第一深湖，也是欧亚大陆最大的淡水湖。

大熊湖，面积为31 330平方千米，是加拿大第一大湖、北美洲第四大湖，因湖区多北极熊得名。

马拉维湖，面积为30 800平方千米，位于非洲东非大裂谷最南面，是非洲第三大湖泊。马拉维湖有的地方高崖环绕，惊涛拍岸，有的地方又流水潺潺，特别是北部湖区，被誉为中南非洲最壮丽的湖光山色。

（二）湖泊风景资源的空间分布

地球上的湖泊总面积占地球大陆面积的 1.8% 左右。我国是一个多湖泊和沼泽的国家，据统计，全国有大小天然湖泊 24 800 多个、人工湖 86 000 多个。

全球沼泽面积约占陆地面积的 0.8%。我国的沼泽主要分布于东北的三江平原、大小兴安岭，四川的若尔盖高原及海滨、湖滨、河流沿岸等地，总面积约为 11.3 万平方千米，占全国陆地面积的 1.18%。我国湖泊主要分布在以下五大区域。

东部平原湖区：五大淡水湖，鄱阳湖、洞庭湖、太湖、洪泽湖、巢湖。

青藏高原湖区：青海湖（我国第一大咸水湖）、色林错（我国第二大咸水湖）、纳木错（我国第三大咸水湖）。

蒙新高原湖区：新疆的博斯腾湖、喀纳斯湖、天山天池等。

东北平原及山地湖区：长白山天池、五大连池等。

云贵高原湖区：云南的洱海、滇池，贵州的草海等。

（三）湖泊风景资源的细分类别

1. 按形成原因分

按形成原因可将湖泊分成 9 类，分别为火山口湖、构造湖、堰塞湖、岩溶湖、冰川湖、风蚀湖、河迹湖、海迹湖、人工湖等。

火山口湖：由于火山喷发停止，火山通道被阻塞，火山口成为封闭的洼地，积水成湖，如吉林省长白山天池、云南省腾冲大龙潭火山口湖。这种湖泊一般面积较小，湖泊外形近圆形或马蹄形，湖水较深。

构造湖：陆地因地壳运动而发生的褶皱、断层、下陷等作用形成凹地，积水成湖。云南省的滇池、洱海，西藏自治区的纳木错、玛旁雍错，青海省的青海湖，俄罗斯的贝加尔湖等都是这种构造湖。这种湖泊一般湖岸平直、岸坡陡峻、湖形狭长、湖水较深。

堰塞湖：由山崩、滑坡、冰碛物以及火山喷发的熔岩流等阻塞河流而形成的湖泊。黑龙江省北部的五大连池就是火山熔岩阻塞河流而形成的湖泊。湖泊的形状、深度与河流有关。

岩溶湖：由石灰岩地区的溶蚀凹地积水而形成的湖泊。此类湖泊多见于云贵高原地区，如贵州西部乌蒙山区的威宁草海、云南香格里拉的纳帕海。湖形常呈圆形，漏斗状，面积较小。

冰川湖：由古冰川的刨蚀或冰碛作用形成凹地，积水而成的湖泊。如新疆阿尔泰山的喀纳斯湖是一个高山冰川湖，湖面呈狭长形，蜿蜒曲折，以其秀丽的自然风光，誉满中外。

风蚀湖：在干旱、半干旱地区，由于风蚀洼地积水而形成的湖泊，如内蒙古西部的嘎顺诺尔和苏古诺尔两个湖泊，毛乌素沙地的湖泊都是风蚀湖。这类湖泊面积大小不一，且湖水较浅，湖水可由河流注入，也可由地下水补给。

河迹湖：由于河流的变迁，蛇曲形河道自行裁弯取直后，遗留下来的旧河道形成的湖泊。江汉平原地区的洪湖就是河迹湖。湖形多呈弯月形，湖水较浅。

海迹湖：也称潟湖，由于“潟”字少见并被不少人认为是“泻”的繁体字，经常被误称为“泻湖”。海迹湖是由于大海沿岸沙嘴、沙洲等不断向外延伸，最后封闭海湾而形成的湖泊。湖面近圆形、椭圆形，湖水较浅。浙江杭州的西湖是潟湖。威尼斯整个城市都是建在潟湖上的，潟湖上有 118 个岛屿和 117 条水道，威尼斯水网阡陌纵横就是因为水道繁多。

这种潟湖是天然的防波堤。无论外海如何浪花滔天，潟湖在堤岸的保护下风平浪静，在其后方的海岸滩涂就更不会受到侵蚀了。由于潟湖内部一般风平浪静，因此可以改建为人工港口。我国台湾最大的港口——高雄港，就是由潟湖改建的。风平浪静的潟湖，同样也给海产养殖提供了天然水场，如台湾的七股潟湖。

人工湖：人们有计划、有目的挖掘出来的一种湖泊，是非自然环境下产生的，包括景观湖和大型的水库，如浙江千岛湖、江苏天目湖等。千岛湖湖中有大小岛屿 1 078 个，岛屿形态各异，群岛分布有疏有密，罗列有致，具有很好的观赏性。

2. 按湖水所含盐度分

依据湖水含盐量或矿化度的多少，可将湖泊划分为六种类型，各种类型湖泊的划分原则如下。

淡水湖：湖水矿化度小于或等于 1 g/L，如我国东部的五大淡水湖。

微（半）咸水湖：湖水矿化度在 1 ～ 35 g/L，如我国的青海湖。

咸水湖：湖水矿化度在 1 ～ 50 g/L。

盐湖或卤水湖：湖水矿化度等于或大于 50 g/L，如青海的茶卡盐湖。

干盐湖：没有湖表卤水，而有湖表盐类沉积的湖泊，湖表往往形成坚硬的盐壳，如青海的察尔汗盐湖。

砂下湖：湖泊表面被砂或黏土粉砂覆盖的盐湖。

（四）湖泊风景资源的吸引力

1. 自然美

湖泊通过自身的形、影、声、色、奇等构景因素，给游客以美感，产生强烈的吸引力。比如，高山湖泊之长白山天池、天山天池，在高高的山顶上，有一泓碧水，犹如一面宝镜，湖水清澈、群峰插云、风景如画。再如，云南洱海碧波与苍山雪峰相映，有“银苍玉洱”之美誉。

2. 自然美与人文美结合

很多湖泊与山、林、花、草以及建筑物等人文景观相结合，形成优美的风景名胜区，供人们观赏游览。如洞庭湖，不仅仅是因为湖本身的景美，更有名的是紧靠湖畔的岳阳楼及范仲淹的《岳阳楼记》。自然与人文的结合，促成了更具吸引力的资源类型。西湖被列入世界遗产名录中的“世界文化景观”遗产，也正是因为西湖的自然环境及与西湖相关的人文活动。一些与湖泊伴生的民俗风情，也会丰富湖泊区域的文化内涵。例如，位于川滇交界处的泸沽湖是一个高原湖泊，风景秀丽，生活在湖边的摩梭人保持的母系氏族的生活方式对现代都市人具有极大的吸引力。

3. 适合开展水上活动

湖泊水面宽阔，可以开展垂钓、划船、游泳、品尝水鲜等多种活动。

4. 改善小气候

湖泊区域形成的小气候环境，适合许多生物的生长，从而形成了独特的湖泊生物圈，这些生物圈又往往对鸟类有着特殊的吸引力，因此，许多湖泊都是候鸟和留鸟的栖息之地。云南滇池的红嘴鸥、青海湖鸟岛的各类鸟、山东荣成天鹅湖的天鹅……这些生动的鸟类给湖泊增添了生机和动感。

（五）典型湖泊风景

1. 三大咸水湖

我国有三大咸水湖，分别是青海的青海湖、西藏的色林错和纳木错。

青海湖：青海湖的面积为 4 625.6 平方千米，是我国最大的内陆湖、咸水湖，由祁连山脉的大通山、日月山与青海南山之间的断层陷落形成。

色林错：是西藏第一大湖泊及我国第二大咸水湖，是青藏高原形成过程中产生的一个构造湖，为大型深水湖。

纳木错：位于西藏自治区中部，是西藏第二大湖泊，也是我国第三大的咸水湖。湖面海拔 4 718 米，形状近似长方形，东西长 70 多千米，南北宽 30 多千米，面积约为 1 920 平方千米。纳木错同时是西藏三大圣湖之一，是著名的佛教圣地之一。

2. 五大淡水湖

我国五大淡水湖分别为江西的鄱阳湖、湖南的洞庭湖、江苏的太湖和洪泽湖以及安徽的巢湖。

另外，沼泽湿地是地球表面最为重要的生态系统类型之一，可以起到调节流量和控制洪水的功能，同时也具有娱乐和开展旅游活动的功能。

适合娱乐和旅游的沼泽湿地一般应该具备以下特点：拥有独特的自然景观、生态系统，地域广阔未受干扰，拥有多样的各类生物，具有一定的可进入性。

位于黑龙江省齐齐哈尔市的扎龙湿地保护区是丹顶鹤的故乡，总面积为 2 100 平方千米，是亚洲第一、世界第四大湿地，也是世界上最大的芦苇湿地，是中国首个国家级自然保护区，已被列入中国首批“国际重要湿地名录”。

西溪湿地坐落于浙江杭州市区西部，距离杭州西湖 5 千米，是罕见的城中次生湿地，占地面积 10.08 平方千米，以独特的风光和生态，形成了极富吸引力的湿地景观。湿地内河流众多，水渚密布，温度适宜，雨量充沛，植被繁多，有大面积的芦荡，飞禽走兽众多，鸟语花香，空气清新。曾与西湖、西泠并称“杭州三西”。西溪之胜，首在于水。水是西溪的灵魂，园区约 70% 的面积为河港、池塘、湖漾、沼泽，正所谓“一曲溪流一曲烟”，整个园区六条河流纵横交汇，水道如巷、河汊如网、鱼塘栉比如鳞、诸岛棋布，形成了西溪独特的湿地景致。

三、瀑布风景资源

（一）瀑布风景资源的概念

瀑布是指水流从悬崖或陡坡上倾泻而下所形成的水体景观，或者说是河流纵断面上突然产生波折而跌落的水流，是河床不连续的结果。

瀑布风景一般由三部分组成。

上层的造瀑层，即河床中的陡坡地段。瀑布所在之处必须有一层由坚硬岩石构成的造瀑层，才能形成明显的落差。从更广泛的立体空间来看，上层景观可包括蓝天、白云、彩虹及裂点周围的景观。

瀑下深潭。跌水冲击河床而成，在山地瀑布中，瀑群下有串珠状深潭，一潭一瀑，交错分布。

潭前峡谷。这是河流向源头侵蚀的结果，造瀑层被蚀，瀑布位置不断上移，使瀑布前深潭连成一条很窄的峡谷（图 4–9）。

图 4–9　云南罗平九龙瀑

图片来源：罗平县人民政府官网

从空间的前后而言，亦有层次性，从前到后分为瀑前水雾层、中间瀑布层及瀑后悬崖层。

悬崖的高度、坡度、岩性、颜色等对瀑布的美学特征都会产生一定的影响。

（二）瀑布风景资源的分类

按瀑布的形成原因，可将瀑布分为差别侵蚀型瀑布、岩溶型瀑布、熔岩型瀑布等。

1. 差别侵蚀型瀑布

差别侵蚀型瀑布河床一般有断层，水流对河床产生差别侵蚀，软的岩石侵蚀较快，使河床出现明显的落差。相对河床走向，坚硬的岩层可能是水平的、垂直的，或是略微向上游倾斜的。黄河壶口瀑布就是典型的差别侵蚀型瀑布（图 4–10）。瀑布上游黄河水面宽 300 米，在不到 500 米长的距离内，被压缩到 20 ～ 30 米的宽度。1 000 立方米 / 秒的河水，从 20 多米高的陡崖上倾注而泻，形成“千里黄河一壶收”的气概。

图4–10　黄河壶口瀑布

图片来源：黄河壶口瀑布旅游区官网

壶口瀑布景观特点：

一为河底冒烟。即河水下跌时喷溅形成烟雾，且经常出现彩虹。

二为水大时瀑布景观气势反而减小。这是因为此时龙槽内水位上升，落差减小。

三为山陕冰桥。冬季，瀑布结冰成为冰瀑，河面结冰，此时黄河天堑可容车辆通过，连接山西与陕西两省。

2. 岩溶型瀑布

水流对可溶性岩类的溶蚀、侵蚀作用形成了岩溶型瀑布。黄果树瀑布是我国最大的瀑布，位于贵州西南白水河上，宽 84 米，落差 67 米，下有犀牛潭（图 4–11）。黄果树瀑布属岩溶地貌中的侵蚀裂点型瀑布。白水河先是形成一个岩溶侵蚀裂点型的落水洞型瀑布，后来随着河流的侵蚀、溶蚀、侧蚀作用，以及在地壳间歇性抬升及晚更新世后期温湿气候中水动力逐渐加大等因素的影响下，落水洞的洞顶逐步坍塌，黄果树瀑布形成。黄果树瀑布距今已有 5 万年的历史。

3. 熔岩型瀑布

熔岩型瀑布是由于熔岩流阻塞河道或湖泊，水流从熔岩高坎跌落形成的瀑布，如吉林长白山的长白瀑布和黑龙江镜泊湖的吊水楼瀑布。长白瀑布高 68 米，从天池北边的缺口沿断崖下注而成。吊水楼瀑布在镜泊湖的出口处，湖水从熔岩裂口倾泻而下，跌入深潭。它的落差有 20 多米，宽 40 米，隆冬季节凝成冰帘，挂在悬崖上，恰似一幅银幕。

图 4-11　黄果树瀑布
图片来源：中国政府网

（三）瀑布风景资源的价值

瀑布是一项极富吸引力的风景资源。它的最大特点在于将山水完美地结合在一起，形态、声势、色彩三者俱佳。

瀑布所在环境的空气中的负离子浓度较高，有利于人体健康。

（四）世界著名瀑布

图 4-12　安赫尔瀑布

安赫尔瀑布：位于委内瑞拉的圭亚那高原，瀑布落差 979 米（大约是尼亚加拉瀑布高度的 18 倍），底宽 150 米，是世界上落差最大的瀑布。瀑布先泻下 807 米，落在一个岩架上，然后再跌落 172 米。瀑布被密林遮掩，宜从空中赏看（图 4-12）。

孔瀑布：老挝湄公河上著名的大瀑布，也是世界上流量最大的瀑布，但是落差比较小，洪汛时落差只有 15 米（图 4-13）。

图 4-13　老挝孔瀑布

伊瓜苏大瀑布：是世界上最宽的瀑布，位于阿根廷与巴西边界上伊瓜苏河与巴拉那河合流点上游 23 千米处，形状为马蹄形，宽 4 000 米，平均落差 75 米

图4-14　伊瓜苏大瀑布

图片来源：中国政府网

图4-15　莫西奥图尼亚大瀑布

（图 4-14）。1984 年，伊瓜苏大瀑布被列入世界遗产名录。

莫西奥图尼亚大瀑布：位于非洲赞比西河中游、赞比亚与津巴布韦接壤处，宽 1 700 米，最高处有 108 米，为世界著名的瀑布奇观之一（图 4-15）。1989 年，莫西奥图尼亚大瀑布被列入世界遗产名录。

尼亚加拉瀑布：位于北美洲的伊利湖和安大略湖之间的尼亚加拉河上，总宽度为 1 240 米，平均落差为 51 米，是世界著名的大瀑布之一（图 4-16）。它被一个 350 米宽的长形岛屿——山羊岛隔开，在断崖上形成了两个宽大的水帘，左边属加拿大，右边在美国境内。由于流水常年冲蚀，石灰岩崖壁不断崩坍，出现瀑布向上游后退

图4-16　尼亚加拉瀑布

现象。据 1842—1927 年观测记录，平均每年后退 1.02 米。20 世纪 50 年代以来，加拿大、美国两国注重自然环境保护，通过控制水流、以混凝土加固崖壁等措施，瀑布后退速度已控制在 10 年不超过 0.3 米。

四、泉水风景资源

（一）泉水风景资源的概念

泉是指地下水的天然露头。泉不仅是一项重要的风景资源，也有饮用保健、沐浴、医疗等价值。

（二）泉水风景资源的分类

1. 按动态分为上升泉和下降泉。泉水从泉口垂直往上冒的叫上升泉，如济南的趵突泉。而泉水从泉口往下淌的叫下降泉。

2. 按矿化度分为淡水泉（普通泉）和矿泉。矿化度是单位体积中所含离子、分子及化合物的总量。矿化度小于 500 mg/L 为低矿化度，500 ～ 1 500 mg/L 为中矿化度，大于 1 500 mg/L 为高矿化度。

3. 按温度分为低温温泉（20 ～ 40 ℃）、中温温泉（40 ～ 60 ℃）、高温温泉（60 ～ 100℃）及沸泉（100℃以上）。另外，也有称小于 20℃为冷泉，20 ～ 37℃为温泉，超过 37℃为热泉。热泉常被称为“汤”，所以很多泉水的名字中就有“汤”字，比如西安华清池的海棠汤、莲花汤等名字就是这个意思。泉水温度的差别源于地下水循环的深度和所在地区地壳活动的情况。

4. 按气体成分分为氡泉（“矿泉之精”）、碳酸泉、硫化氢泉和硅酸氢钠泉（“天然苏打水”）。

5. 按矿泉医疗作用分为饮疗泉、浴疗泉和饮浴兼疗泉。

（三）泉水风景资源的吸引力

1. 观赏价值

瀑布审美强调“势”，而泉水审美强调“质”。泉水具有形、声、色诸种美的形态。

2. 医疗功效

这是矿泉（包括温泉）最重要的功能。到了近代，由于旅游业的发展，分布于山水胜地的泉水成为一项旅游资源，泉区成为旅游疗养胜地。我国比较著名的泉水有：广东从化温泉，云南安宁“天下第一汤”，陕西临潼华清池，重庆南、北温泉，东北五大连池药泉，南京汤山温泉和北京小汤山温泉。陕西临潼华清池，古为华清宫，是唐代封建帝王游幸的别宫，主要是因为此地有温泉，在唐玄宗时期最为鼎盛。

3. 品茗酿造

有些泉水水质甘甜，用名泉泡茶也是游人追求的品茗美感之一。许多名泉配合当地的茶，对游客形成一种独特的吸引效应，最典型的就是“虎跑龙井”，被称为“西湖双绝”。很多名酒如贵州茅台、绍兴老酒、古井贡酒、山西汾酒、五粮液、剑南春、青岛啤酒等中国名酒，所使用的都是泉水。

（四）风景价值高的几类泉水

1. 温泉

通常把温度高于当地年平均气温的泉水叫温泉，低于此的则叫冷泉。

河北承德避暑山庄中的热河泉，水温仅 9 ～ 11℃，但仍高于当地平均气温 8.8℃，也应属温泉。

2. 间歇泉

间歇泉是一种定期或不定期喷发的泉水，都为高温沸泉。间歇泉的形成除地热条件外，与复杂的地下通道也有关。美国黄石国家公园内有间歇泉 300 处，占世界间歇泉总数的一半以上，最有名的是“老忠实泉”。喷泉持续四五分钟，水柱高达四五十米。寒冬时，热水遇冷空气凝成白色银柱，如巨簇银花。我国的间歇泉以西藏拉萨附近的羊八井地热田中的间歇泉最为著名。

3. 矿泉

矿泉具有医疗和饮用价值，如崂山矿泉水、甘肃清水温泉、四川丹巴县的碳酸泉等。

4. 其他奇特的泉

乳泉。广西上思县海拔 800 米的凤凰山下有一泉眼，一年四季泉水不涸，颜色酷似乳汁。根据科学考察和分析，那白色乳状的泡沫，是氡气泡。氡气是一种无色、无味的惰性气体。大量氡气随水沿裂隙泄出泉口，细小并带有白色的气泡遍布整个水域，使水色突然变白，故名“乳泉”；大约几分钟至十几分钟后水色复原。

毒泉。云南腾冲市有眼泉水，经常散发出一股无色、无味的毒气，飞鸟若接近泉水上面，会自动坠落于地面而丧生，鸡、鸭、野兔只要接近泉水边闻到气味，便会即刻送命。四眼毒泉是云南秃龙洞剧毒毒泉。四眼毒泉指的是哑泉、柔泉、黑泉和灭泉。毒泉之所以有毒主要是因为泉水里含有很多重金属离子。

喊泉。安徽寿县北有眼泉水，它的涌出量可随人声音的大小而变化。人到泉边，大声呼叫则泉大涌，小声呼唤则泉小涌，不喊不涌。喊泉是一种地下水的毛细现象。这类泉多分布于石灰岩、白云岩地带，岩层和土层中有一种脉状孔隙，当孔隙“管”的下端与地下水面接触后，由于地下水本身的压力和孔隙“管”的浸润与虹吸作用，地下水便会沿着孔隙“管”上升而溢出成泉。

药泉。黑龙江德都县有个药泉山，山上有很多矿泉。泉水味道甘美略带酸味，含有多种矿物质元素，有很高的医药价值，对皮肤病和胃肠系统、神经系统的慢性病有特殊疗效，所以被称为“药泉”。

（五）典型案例

1. 泉城福州

福州拥有 1 700 多年的温泉历史。作为“中国温泉之都”，福州自古就有“闽中温泉甲天下”的美誉。福州温泉不仅温度高、水量大、水质纯净，还富含丰富的微量元素。福州全市已知温泉近 30 处，主要为基岩构造裂隙热水，储存在花岗岩和火山岩中。福州的温泉与福州的山水相伴共生，大多数温泉分布在河流附近，特别是大樟溪和闽江流域。最难得的是市区中心地带，也有温泉。

福州温泉的形成主要基于以下几个原因：第一，福州地幔活动强烈，地热资源丰富，如同一个地下锅炉，始终在加热。第二，福州属于亚热带海洋性季风气候，雨量充沛，闽江支流众多，为温泉提供了充足水源。第三，福州地区广泛分布的断裂、裂隙等构造，有利于地下热水储存与流通。第四，福州市区平原上的淤泥和黏土层使温泉得以保温、隔绝污染。冷水与热水的密度差、山区与平原的地形差等因素，最终促使温泉喷涌而出。

2. 泉城济南

济南城区内泉水数量众多，以“七十二名泉”誉满天下。实际上，济南泉水总数不止 72 处，仅市区的泉水数量就超百余处。其中趵突泉、黑虎泉、珍珠泉、五龙潭、百脉泉五大泉群是济南市泉水的重要组成部分。在古代，济南可谓是“家家泉水，户户垂杨”，济南的泉水、山地、湖泊、河流和城市组成了一幅独特的风景。

济南地区泉水众多和当地独特的地形地质构造有关系。济南的地形可以分为三部分，北部邻近黄河沿岸地带、中部山前平原地带和南部丘陵山地地带，地势南部高北部低，由南向北倾斜。从地质方面来看，济南市刚好位于一个落差近 500 米的单斜构造中，岩层也是南高北低倾斜，这种单斜构造是在地壳运动过程中产生的。由于岩层由南往北倾斜，使得岩层中含水层里的水也会往地势更低的北部汇聚。而济南地下的岩石多属于可溶性的石灰岩，在漫长的地质演化中，形成了大量的地下暗河，这些暗河也成了输送地下水的管道，最终使得位于济南市区地下的大量承压水顺着连接地表的裂隙上升，形成了众多的泉水。

第三节 水体风景资源规划开发案例

一、河流风景资源规划开发——长江三峡

（一）案例地简介

长江三峡是世界第三长河——长江上游的一段，一般是指西起重庆奉节白帝城、东到湖北宜昌南津关的193千米江段的瞿塘峡、巫峡、西陵峡这3个大峡谷的沿江地带，跨奉节、巫山、巴东、秭归、夷陵5个区县。长江三峡因其丰富的风景资源而成为世界著名的旅游目的地。

（二）案例地风景资源

1. 自然风景资源

山水资源。长江三峡的山是由河流切穿山地而形成的峡谷地貌，是一种极富观赏价值的地貌形态（图4-17）。复杂的地形地貌为库区提供了丰富的自然旅游资源，有山、水、林、峡、洞等各种景观，素有“无石不峭，无寺不古”的美称。长江三

图4-17 长江三峡瞿塘峡

峡库区属季风性气候，多降水且稳定，河流众多，水上交通便利。水位落差大，水能资源丰富，适合漂流。受大气环流和地形的影响，长江三峡的气候具有冬暖、春早、夏热、秋多绵雨、湿度大、云雾多、日照少、风力小等特点。

此段代表性风景资源有瞿塘峡、巫峡、西陵峡、神农溪、神女溪、三峡竹海、武隆天生三桥、万州大瀑布等。

生物资源。长江三峡库区植物资源丰富，具有物种多样性、基因多样性和生态系统多样性的优势，是我国不可多得的植物“聚宝盆”。库区有资源植物 6 400 多种，珍稀濒危植物 57 种，鱼类 140 多种，珍稀特产鱼类 47 种，是我国重要的自然保护区之一。

2. 人文风景资源

历史文化资源。长江三峡人文风景资源具有历史悠久、内容丰富、文化层面多样、内涵博大精深、形式艳丽奇崛等特点。代表性的景点有丰都鬼城、石宝寨、白帝城、双桂堂、白公祠、张飞庙、黄陵庙、屈原故里等。长江三峡库区的山水孕育了众多英才俊杰，也使许多宦游的文人墨客为之倾倒并留下文化遗迹，已查明的文化名人遗址就有 46 处。

现代工程文化资源。在长江三峡库区建有四座雄伟壮观、气势恢宏的现代化水利枢纽工程，即葛洲坝、隔河岩大坝、三峡大坝、高坝洲大坝。在如此集中的地域内，建成举世闻名的三峡大坝等四座“水上长城”，这在世界上也可以说是绝无仅有。

民俗文化。长江三峡库区是一个文化交融地带，山高路陡，交通相对闭塞，形成了独具特色的巫风民俗。明清之际“湖广填四川”、抗日战争时期民国重心西迁、三峡工程移民安置的四次大移民，使长江三峡库区民俗文化丰富多彩且独具风韵和魅力。有 30 多个民族在此聚居或散居，在饮食、服饰、居住、节日、民间歌舞、游戏竞技、民间工艺、民间文学等方面表现出多姿多彩的民俗风情。

宗教文化。区内宗教景观众多，如被称为“天下丛林四绝”之一的玉泉寺、“蜀汉丛林之首”的双桂堂，还有丰都鬼城、鸣凤山、仙佛寺等知名宗教旅游胜地。

军事文化。长江三峡库区的军事文化资源独特而丰富，如民族军事文化、红色文化、抗战文化等。

（三）案例地规划设计原则

1. 开发与保护并重原则

长江三峡风景资源开发坚持开发与保护并重的原则，采取促进良性循环的办法，开展生态旅游，创造了多方保护旅游环境的经济动力，最大限度地调动了游客、旅游开发商、旅游地居民的保护热情，从而变消极保护为积极开发，促成了旅游地资源开发、建设与保护的良性循环。

2. 可持续发展的原则

长江三峡风景资源在坚持可持续发展的原则下实施保护性开发，坚持国际市场导向和地方文化导向，积极开发生态、文化、度假、体育、科考等旅游项目，促进长江三峡旅游业的可持续发展。

3. 突出地方特色的原则

长江三峡风景资源开发尤其重视突出地方特色、民族特色及文化定位。

（四）案例地总体布局

长江三峡风景资源规划开发空间总体布局呈“一线、三点、四区”格局。

1.“一线”（或“一轴”），即长江三峡国际黄金旅游线

以长江三峡（瞿塘峡、巫峡、西陵峡）的峡谷风光和长江三峡水利枢纽工程的人文景观两大世界级旅游精品作为核心支撑，由十点连线，即十大特色支撑点构建长江三峡国际黄金旅游线。

2.“三点”（或“三地”），即三大旅游基地支撑点

在长江三峡国际黄金旅游线的起止点和中点的重庆市、宜昌市、万州区建立三大旅游综合性服务基地，支撑这条长 193 千米的长江三峡国际黄金旅游线。

3.“四区”，即四大“金三角”特色旅游拓展区

四大“金三角”特色旅游拓展区是长江三峡库区由点连线，构建国际黄金旅游线，又凭借和依托国际黄金旅游线所形成的品牌优势，通过江河便利的交通节点沿着溪河向腹地由线向面拓展所构成的拓展区。

（五）重要节点的规划设计——长江三峡库区

根据生态旅游开发理论和当地的优势，长江三峡库区建立和开发了如下几种不同类型的生态旅游产品。每种生态旅游产品必须做到生态主题突出，并能与当地人文历史资源相互依托，使旅游者在吃、住、行、游、购、娱过程中得到物质和精神的双重享受。

1. 利用库区多变地理环境开展生态探险旅游

在长江三峡库区有令人神往的神秘境地神农架，壮观的山地峡谷奉节天坑地缝，奇特的地下迷宫武隆芙蓉洞、张关水溶洞，更有数不清的蜿蜒于崇山峻岭中的山涧小溪。人们可以通过漂流探险旅游，领略美丽的风光，体会探险的乐趣。

2. 利用传统文化开发文化旅游项目

从忠县至秭归县的历史文化旅游资源极其丰富。深入挖掘其深刻的文化内涵，把传统文化与现代旅游有机结合起来，发展文化旅游，开发出一大批独具特色的文化旅游线路，瞄准国际旅游市场，吸引国内外游客；利用文化名人遗址这一资源优势，如刘伯承故居、屈原故里、昭君故里等，开辟名人文化旅游专线，利用名人效应更好地促进三峡地区旅游业的发展。

3. 利用历史军事红色征程开发教育旅游资源

利用丰富的军事文化与古战场旅游资源，以当阳、猇亭为主要据点，开辟“云阳张飞庙—白帝城（含附近的八阵图）—猇亭古战场—长坂坡古战场—关陵—麦城”等景点。将军事文化旅游专线的开辟利用与军事理论教育、历史探索等有机结合起来，以更好地吸引游客和增强其旅游的经济效益和社会效益。

4. 特色工程文化旅游项目

四座雄伟壮观、气势恢宏的现代化水利枢纽工程，是集科技、工艺尖端于一体的现代化巨型工程文化景观，对中外游客具有强大的吸引力。开辟“三峡大坝—葛洲坝—隔河岩大坝—高坝洲大坝”这条工程文化旅游专线，把旅游与科学教育、参观考察等有机结合起来。

二、湖泊风景资源规划开发——泸沽湖

（一）案例地简介

泸沽湖位于中国西南部的四川省凉山彝族自治州盐源县与云南省丽江市宁蒗彝族自治县的群山环抱之间，是我国最深的高原淡水湖泊之一（图 4-18）。泸沽湖生态环境优越，风景靓丽独特，拥有丰富的自然风景资源与人文风景资源，1988 年被中华人民共和国国务院确定为第二批国家级风景名胜区。

图 4-18　泸沽湖

（二）案例地风景资源

1. 自然风景资源

泸沽湖的自然风景资源包含水域资

源、生物资源、山地资源等。泸沽湖本体属于水域资源，水域面积达 50 平方千米，平均水深 40.3 米，最深处达 105.3 米，水体能见度达 12 米，水环境优越，人为破坏少，自然生态程度高。湖的东边有一片天然水草沼泽地，被称为“草海”，促进了丰富的生物多样性。草海湿地中的珍禽水鸟繁多，水生动植物类型丰富，风景靓丽独特。四周环以群山，巍峨的格姆女神山高居湖畔，逶迤的后龙山嵌入湖心，得天独厚的地形地貌，造就了泸沽湖优美的自然景观。人们赞之“目光所及皆图画，步履所至尽仙源”。

2. 人文风景资源

泸沽湖周边居住着约 2 万人口的 6 个民族，大大小小的村子有 5 个，民族风俗相互影响和渗透，以仍然保留的母系文化特征的摩梭风情为主。别具特色的摩梭居民与湖上交通、各式各样的特色民族活动，如走婚习俗、成丁礼、达巴文化、转山转海节等，都具有丰富的资源优势和参观研究价值。

（三）案例地风景资源规划设计原则

1. 生态性原则

在开发泸沽湖风景资源的同时要严格把牢生态保护“红线”，坚决守住环境安全“底线”，从环保宣传、维护生态、高素质发展等方面加强游客和开发者的生态意识，保护水资源、大气资源、山体资源和生物多样性资源，因地制宜，走可持续发展道路。

2. 保护性原则

对摩梭文化进行传承是保护其发展的关键之处，从物质传承、行为传承和精神传承中维持民族文化连续性与稳定性。为青年提供便利条件，引导学习研究本地区宗教文化，通过书籍、报刊、网络等渠道传播，增强文化交流，做到文化保护。

考虑对摩梭文化中的礼俗和宗教的仪式系统实行分离保护，区别向游客展示的文化内容与当地居民的文化内容，对一些真正重大的宗教仪式采取针对性保护，避免过度商业化对仪式宗教内涵的破坏。

同时，应保护泸沽湖及周围的生态环境，使森林不再遭到破坏，维护其自然性、科学价值及美学价值，加强宣传力度和法治管理手段。

3. 可持续原则

把对泸沽湖规划区的自然风景资源、摩梭文化风景资源、自然环境保护放在首位，作为景区社会、经济发展的基础条件，贯彻“在保护中发展”的宗旨，维持景区的可持续发展动力，从而提高整个景区的经济社会水平。

4. 精品战略原则

按照世界文化遗产保护及国家级风景名胜区的要求，以国内一流的标准实施规划区发展的精品战略，提升泸沽湖风景区自然、人文景观的旅游品质，构建景区社会和谐发展，使景区成为国内一流的风景名胜区。

（四）总体布局

泸沽湖风景区的空间布局特点是由“一湖、一坝、一主峰、一中心”形成的组团状布局模式。“一湖”为泸沽湖，“一坝”为永宁坝，“一主峰”为格姆女神山，“一中心”为女儿国旅游服务接待中心，体现了高原湖泊景观出众、生态环境优良、自然资源丰富、视觉尺度合宜、地域空间完整的空间分布特征。

（五）案例地功能分区与主要节点设计

1. 功能分区

规划将泸沽湖风景区划为七个功能区，分别为游览景区、重点摩梭村落保护区、草海湿地生态保护区、旅游接待区、城镇建设区、风景培育区和风景恢复区。

2. 主要节点的景观设计

（1）摩梭博物馆

摩梭博物馆位于四川省凉山彝族自治州盐源县泸沽湖镇土司府遗址旁，一期建筑面积为 4 500 平方米，依山傍湖。摩梭博物馆的建筑设计充分体现了传统摩梭文化元素，整个建筑就像一座由木结构组成的大型摩梭山寨，以梦幻般的自然风光和神秘的摩梭母系文化、摩梭土司文化为依托，体现了摩梭特征与民族气质、自然与人类协调的设计理念，是人们从另一角度了解泸沽湖及摩梭人的重要窗口和平台。

（2）走婚桥

走婚桥是泸沽湖上唯一的一座桥，桥长 300 余米，由木头建造而成，两侧有木头制成的栏杆，桥造型优美。它的意义不只是方便两岸通行，而是摩梭文化“男不娶女不嫁”走婚习俗的重要载体，是摩梭男女约会的地方。该桥以文化载体作为设计内涵，吸引了更多的游客游览。游客在桥头可租摩梭人服装摄影拍照。

（3）格姆女神山

格姆女神山又叫狮子山，是位于泸沽湖边的一座摩梭人的神山，南高北低，褶皱紧密，灰白色调鲜明，同名主峰海拔 3 770 米，高出湖面 1 000 米左右，山势雄伟壮观。

格姆女神洞位于狮子山脖子处，海拔 3 450 米。从女神洞观景平台可以俯视泸沽湖全貌，形状各异的里格岛、蛇岛一览无余，尼塞村、小落水村、大嘴村等沿湖村落分布有致。

格姆女神山千年来都为泸沽湖的当地人所膜拜。每年农历七月二十五日在泸沽湖畔举行转山节，这也是丽江永宁乡摩梭人盛大的节日，具有浓郁的原始宗教色彩。

（4）里格半岛

里格半岛位于泸沽湖西北部，是泸沽湖北缘海湾内一个美丽的海堤连岛，三面环水，左右青山环抱，背靠格姆女神山，风景如画。在进入里格半岛前有个观景台，可以看到里格半岛的全貌。里格半岛属于里格村的一部分，是里格村距离湖面最近的地方。湖边停泊了许多五颜六色的游船，供游客游湖看日出日落，上骆驼岛爬山观光。

岛上的民居曾被改造为客栈、民宿，对泸沽湖的生态环境造成一定的破坏，随后丽江泸沽湖管理局出台了对泸沽湖里格村沿湖 80 米生态红线范围内民居客栈等建筑进行集中拆迁整治的举措，切实保护泸沽湖自然与人文风景资源。

三、泉水风景资源规划开发——南京汤山温泉

（一）案例地简介

汤山温泉国家旅游度假区位于南京市东郊，规划面积为 29.74 平方千米，区内山、水、泉、林、洞、碑、寺七景相依相融，远古、六朝、明朝及民国文化传承有序，自然人文景观交相辉映，被孙中山在《建国方略》中赞誉为“美善之地”（图 4–19）。

图 4–19　汤山温泉国家旅游度假区

图片来源：南京汤山温泉国家旅游度假区官方微信公众号

（二）案例地风景资源

1. 自然风景资源

温泉资源。汤山有十里温泉带，自然泉数量众多，区域内分布相对集中。温泉含有 30 多种矿物质和微量元素，日出水量近 5 千吨，常年水温在 60 ～ 65℃。汤山早在 1 500 年前的南朝时期即被封为“圣汤”，是国内唯一获得欧洲、日本温泉水质国际双认证的温泉，是中国最古老的温泉养生地之一，位列全国四大疗养温泉区之首。

山林资源。汤山位于宁镇地质构造带，坐拥 15 万亩山林，森林覆盖率达

80%，汤山头、团子尖群峰巍峨，安基湖、汤泉湖、龙尚湖碧波万顷。辖区内现有雷公洞、葫芦洞地质溶洞和呈现 7 亿年地质变迁历程的地质剖面奇观等。

2. 人文风景资源

汤山拥有约 60 万年前南京直立猿人头骨化石和距今 600 多年的世界最大的阳山碑材等世界级资源。历史文化遗迹有古猿人洞、阳山碑材、石窟佛群、朱砂洞、藏龙寺。民国文化景点也丰富了汤山的资源类型。远古文化、明朝文化、民国文化传承有序、交相辉映。

（三）案例地规划设计原则

汤山温泉的规划开发遵循“保护优先、合理利用”的原则，保护和合理开发利用汤山温泉、山林、湖泊、地质遗迹、古遗址、石刻、古寺窟、民国建筑等自然风景资源和人文风景资源，打造绿色循环、低碳生态旅游示范区。

同时，秉持“五看见”原则，即“看见汤、看见山、看见文化、看见休闲、看见风景”。按照让温泉（井）“看得见、摸得着、闻得到”的总体设想，对场地内水域、温泉泉眼及泵房进行综合改造利用，植入祭泉、开泉、悦泉等温泉文化体验活动，打造“轻温泉体验”的开放式公园；充分利用区域内现有植被与矿山资源，打造矿坑景观公园，通过湿地、草甸、湖区等景观元素对其进行生态系统、景观风貌恢复，旨在打造集生态、景观、活动、科教于一体的体验式旅游综合体。

（四）案例地功能分区

在充分考虑各地块本身已有的独特资源、区位条件以及旅游综合体建设的需要的基础上，将度假区分为六大片区。

1. 历史风情片区（老镇区）：围绕“历史文化、自然山水、场所空间”三大核心脉络，营造民国风情片区氛围。

2. 温泉体验片区和健康疗养片区：温泉体验的核心区，依托温泉资源优势发展温泉体验、健康疗养、休闲度假、演绎娱乐等温泉休旅产业、健康养生产业、文化创意产业。汇集国内外知名温泉酒店品牌及温泉养生类项目，并结合“汤”“山”“泉”的特色资源，打造两处特色体验公园——矿坑公园和金乌温泉公园。

3. 古泉生态宜居片区：按照“汤山西部门户形象展示区、宜居宜游的山水生态组团、传统精致中式生活展示区”的功能定位，以现代中式主题风貌打造高档生活区。

4. 新城镇片区：发展生态宜居、公共休闲、科技旅游、商业服务、金融服务、人才服务等产业。

5. 汤东产城融合示范区：一改原先传统生产制造的旧工业区面貌，整体腾笼换鸟，功能更新，借助新型研发动力，提供创新型科技研发产业，打造汤山东部门户形象展示区、兼具科技智慧产业的宜居生活区。

6. 北部园博园及郊野游憩片区：依托国家地质公园、阳山碑材遗址公园、园艺博览会等旅游体验项目对多处工业遗产进行改造更新，打造以工业遗产及主题游憩为特色的片区。

（五）主要节点的景观设计

1. 矿坑公园

矿坑公园原是汤山最大的废弃矿坑龙泉采石场，属于工业遗弃地改造项目。矿坑公园以汤山现有的地形地貌为基础，深耕历史人文与矿坑文化，充分利用区域内现有的植被与矿山资源，通过湿地、草甸、湖区等景观元素对其进行生态系统恢复、景观风貌恢复，同时植入科教娱乐、温泉体验及亲子活动等内容强化公园的市民参与性、体验性、互动性，充分提升公园整体形象品质，形成“以山为幕”的特色矿坑体验公园。

2. 金乌温泉公园

金乌温泉公园是国内首个免费对市民开放的温泉康养公园，以汤山温泉文化为主线，结合神话传说、温泉地质、温泉养生体验等形式，融合景观打造，充分展示了汤山千年温泉文化，串联起孕泉、寻泉、问泉、开泉、悦泉、养泉、忆泉的温泉文化脉络。公园内环湖景观区包含“二堤、三湾、六半岛”，二堤卧清波，三湾连六岛，四时风景变幻，美不胜收；环湖跑道总长 1 327 米，方便大众慢跑健身。

思考与练习

1. 水体与风景资源的关系具体表现在哪些方面？
2. 水体风景资源的美学构成要素有哪些？
3. 有些河段能够成为风景资源地，一般有哪些原因？
4. 黄河流域、长江流域风景资源各具有怎样的特征？
5. 湖泊按成因可以分为哪些类别？
6. 湖泊资源的吸引力具体表现在哪些方面？
7. 典型的瀑布、泉水风景资源地有哪些？

第五章

Chapter 05

生物风景资源

本章学习重点与目标

（1）了解生物风景资源的概念、类别、吸引力、功能

（2）理解不同生物风景资源的细分类别、景观特征、功能

（3）了解不同生物的典型风景资源地

（4）学习典型生物风景资源地景观规划开发的原则、策略、空间布局及关键节点的景观设计，提升独立思考、自我判别的能力

第一节　生物风景资源概述

一、生物的概念

生物是地球上有生命物体的总称，由植物、动物和微生物三类组成。地质学家、古生物学家们认为地球上的生物最早可能在距今20亿～25亿年前已开始出现，它们在漫长的历史演化过程中，由简单到复杂、由低级到高级、由海洋到陆地，以至占领海洋、陆地和低层大气的每个角落，形成地球的生物圈。

二、生物风景资源的概念

在地球表面，生物无处不在。地球上任何一个地理景观或任何一个旅游区都离不开生物资源。生物资源尤其是植物资源是构成风景最重要的要素之一。

生物风景资源是指在一定时期、地点条件下具有美学价值，能够引起人们审美与欣赏并能在一定条件下产生经济效益的生物景象。

生物风景资源可以划分为植物风景资源和动物风景资源两大类别。

三、生物与风景资源的关系

生物是自然界中最具活力的组成部分，它们以自身生命节律的周期性变化及变

化多端的形态特征，使地球上呈现出生机盎然的景象。生物是构成风景资源的重要因素，其景观价值主要体现在以下五个方面。

（一）独立成景

独立成景是指生物以其自身的美、奇、稀等特征自成风景，具有独立的吸引力。如北京香山红叶、非洲大草原、大熊猫、金丝猴等生物资源都具有独立成景的魅力，吸引人们前去观赏。

（二）组合构景

组合构景主要是指动植物与其他资源一起共同构成具有观赏价值的风景。可以说，失去生物，自然风景便会失去魅力。各种自然风景资源和人文风景资源，在其总体的构景中都以一定的生物资源为背景。动物的奔腾飞跃、鸣叫怒吼，植物的开花结果、四季变换，都使风景变得充满生机和活力，正所谓“山得草木而华”“山借树而为衣”。如“峨眉天下秀”的“秀”，指的就是在高耸挺拔的山势上由茂密植被所构成的色彩葱绿、线条柔美的景观特色；“青城天下幽”的“幽”，指的是深山峡谷中茂密的植被更增加了其景的深层次，使人产生幽深、恬静的美感。“山清水秀”“鸟语花香”所形容的都是生物构景功能的具体体现。

即使在自然条件非常恶劣的地方，也有生命存在。人们因其顽强的生命力常赋予这些生命特殊的意义，例如北极的白熊和南极的企鹅、高山上的雪莲、戈壁中的红柳等，对人们都有较大的吸引力，不仅仅是因为其外表的观赏性，还因它们被赋予的顽强生命力。各种地带性植被及栖息在其间的动物，是各地富有生气的自然风光的重要组成部分，它们构成了山水景观的肌肤及风景区的容貌。

在中外园林中，植物都是其不可缺少的构景要素。在园林构景中，采用三五成丛的自然式种植形式有利于表现自然山水的风貌；采用成行成排的规则式种植形式，则宜于协调规整的建筑环境；用宽阔的草坪，大色块、对比色处理的花丛、花坛烘托明快、开朗的空间气氛；而林木夹径，小色块、类似色处理的花境则更容易表现幽深、宁静的山林野趣。

在不同国家的园林中动植物的比重有所不同，如西方园林中大量使用花圃、花坛、绿篱，而在日本的枯山水式园林里，植物资源比较稀少，但其置石上的苔藓也是常见的植物类型。无论是何国园林，都非常注重植物的配置，并经常利用此种配置表现某种特殊的观念和制造特殊的意境，或因此成为某个园林或其中某个景区的特色，如“竹园”“兰圃”等。在中国古典园林造园手法中常使用“夹景”“障景”“隔景”等手法，而为达到此目的，最常利用的是较高大的植物。

（三）人工造景

人工造景是指人们根据生物的特征，将野生生物进行空间移植，在新的空间创造出新的具有观赏价值的景观，如植物园、农业生态景观等。

例如，江西婺源有规划地大规模种植油菜这种生物品种，与当地环境构成绝美景观，成为吸引人们前去观看的重要资源（图 5-1）。大片大片的紫色花田是法国普罗旺斯的最佳代表，夏季里，明媚的阳光泼洒在无垠的薰衣草田上，梦幻而美丽。另外，还有用植物资源进行创意设计而得到有观赏价值的资源，如各种植物雕塑。

图 5-1　婺源油菜花

不仅植物资源具有造景功能，动物资源也一样具有造景功能，一些珍稀动物更是游人们追逐的对象。动物园就是典型人工打造的由动物资源构成的观光地。

（四）净化环境

植物不仅具有美化环境的作用，更有净化环境的功能。其一是净化空气，树木能吸收二氧化硫、氟化氯、含重金属的有毒气体、放射性的物质和烟尘、粉尘，可以释放杀菌物质杀灭细菌，森林被比喻为“地球之肺”，1 亩森林一天可吸收 67 千克二氧化碳，制造 49 千克氧气；其二是净化噪声污染；其三是调节气候，减轻地球外围的温室效应；其四是有利于防治风沙和水土保持。正因为上述这些原因，旅游胜地一般植被覆盖率都较高，植被覆盖率高的环境也较容易变成旅游胜地。

（五）蕴含文化价值

在长期的审美活动中，动、植物被人们赋予了某种寓意，使人们的欣赏行为更具文化色彩和精神意义，从而可开展文化活动。生物所蕴含的这些备受人们推崇的精神，能够使人们陶冶情操、启迪心灵，从而获得精神上的鼓励。

在我国，古往今来，人们常将植物或动物的某些习性、品格或某种特定的生长环境，进行人格化的比拟并赋予其某种含义。经过历朝历代文人墨客不断的渲染和承续，这些人格化的比拟逐趋完善而定型，以至于一看到某种植物（或动物）就会马上联想到人的某些品格，这一点在我们中华民族的传统文化思想中体现得尤为深刻。如“岁寒三友”的松树、竹子、梅花，其不畏严寒的品性，成为不畏逆境、勇敢向前的精神象征；“花中四雅”的菊花、兰花、水仙、菖蒲，则象征着圣洁高雅；红豆象征着思慕和依恋；荷花象征出淤泥而不染；柳枝有送别之意；牡丹更有国色天香之誉。总之，在自然审美过程中，本真的自然事物和自然现象不仅是美的，还能够愉悦人的心灵、陶冶情操、启迪德行。

某些具有典型特征的动、植物，被人们作为某种精神品格或民族追求的象征与吉祥物，成为国花、国树、国鸟、国兽，如西班牙的国花是石榴花，加拿大的国树是枫树，智利的国鸟是神鹫，缅甸的国鸟是绿孔雀等。同时，受宗教文化的影响，一些动、植物被作为圣物、神灵敬奉，成为具有宗教特点的动、植物。如印度将牛视为“神牛”，每年要举行一次敬牛的节日活动。再如，菩提树是佛教圣树，是觉悟之树，莲花是佛教象征之一。这些动、植物具有独特的观赏价值和寓意性，受到宗教保护的同时，也成为旅游活动（特别是宗教旅游活动）的观赏对象。

澳大利亚的国花——金合欢（图 5–2）。全世界的金合欢约有 1 000 种，澳大利亚就囊括了 800 多种，其中一半生长在西澳。澳大利亚的街道、庭院、广场、建筑物的周围，到处都有金合欢栽成的行道树或绿篱。此外，在英国，金合欢代表友谊。

图 5–2　金合欢

图5-3　矢车菊

德国的国花——矢车菊（图5-3）。矢车菊原是欧洲的野生花卉，在德国分布最为广泛，山间田野、路边、房前屋后，甚至河畔边到处都有它的身影。它以清丽的色彩、美丽的花形，芬芳的气息、顽强的生命力博得了德国人民的赞美和喜爱，因此被奉为国花，象征着德国人民处世虚心、谨慎、谦和之风。

墨西哥的国花——仙人掌。世界上有仙人掌科植物2 000多种，生长在墨西哥的仙人掌有1 000多个品种，大多只能用于观赏。墨西哥人一向奉仙人掌为民族和文化的象征，作为他们坚强不屈、为捍卫自己民族的利益而英勇斗争的标志。富含丰富维生素的食用仙人掌更是墨西哥人民餐桌上的美食。

知识链接

我国十大名花

牡丹（万花之王）	兰花（花中君子）
月季（花中皇后）	山茶（花中珍品）
梅花（群花之冠）	荷花（水中芙蓉）
菊花（寒秋之魂）	桂花（金秋娇子）
杜鹃（花中西施）	君子兰（黄金花卉）

第二节　生物风景资源分述

一、植物风景资源

植物以其特有的千变万化的形态、五彩缤纷的色彩、妩媚诱人的芳香，以及味、声、光、影等构景因素塑造风景季相，成为山水风景的“肌肤”，构成风景区的“容貌”，使旅游区山清水秀，自然景观充满活力。

（一）植物类别概述

人们通常把植物分为木本植物和草本植物。木本植物可分为乔木和灌木两种，乔木有明显主干，一般较高大、粗壮；灌木无明显主干，呈丛生状。草本植物则分一年生、二年生及多年生草本植物。

植物中最多见的是种子植物。种子植物分两类：一类是裸子植物，只开花，结种子，但不结果实，也就是说，种子裸露，没有果实来包裹的，如桦、杉、柏等；另一类是被子植物，经开花、结果，种子包裹在果皮之中，如常见的桃、李、杏、梨等。

（二）我国植物资源简况

我国是世界上植物资源最丰富的国家之一。在我国各个不同的自然地带中，自然植被种类极为丰富。森林树种中，我国有各种针叶林、落叶阔叶林、常绿阔叶林和热带季雨林及它们之间的各种过渡类型，其中有质地优良、经济价值极高的乔木。我国还保留了一批古老和稀有的孑遗树种，如水杉、水松、银杉、珙桐、银杏、台湾松等，是残存于我国的古老树种，被称为“活化石”。根据 2017 年绘制的《中国原始森林空间分布图》，我国现有原始森林约 16 万平方千米。我国天然草地面积为 393 万平方千米，包括温带草原、干旱荒漠草原和高寒草原。其中，温带草原面积广阔，形成了许多优良牧场。除自然植被外，在长期的生产实践中，我国劳动人民把许多野生植被培育成栽培植物，同时还引进和推广了国外许多农作物和栽培作物，其中有粮食作物、纤维作物、油料作物、药用植物、果类植物及工业用各种植物等。饮料植物中的茶树原产于我国，种类很多，是传统的出口商品。现在茶已成为世界饮料之一，受到很多国家人民的喜爱。

（三）植物风景资源分类

植物风景资源分为古树名木、森林、草原、花卉风景资源。

1. 古树名木风景资源

据我国有关部门规定，一般树龄在百年以上的大树即为古树，而那些树种稀有、名贵或具有历史价值、纪念意义的树木则可称为名木。按其名贵程度和存活年份，古树一般被分为国家一级、二级、三级古树。

我国古树名木众多，特别知名的有将军柏、黄陵古柏、洪洞大槐树、银杏、珙桐、水杉、榕树、菩提树等。

将军柏。河南省郑州市登封市嵩阳书院的将军柏是中国最古老的柏树之一，人称“原始柏”，在国内外享有盛誉。据传汉武帝于元封元年（公元前 110 年）游嵩山时，见两株柏树非常高大，一时高兴，将其封为“将军”，因此而得名“将军柏”。

黄陵古柏。陕西省黄陵轩辕庙中的“黄陵古柏”，又叫“轩辕柏”。据传为轩辕黄帝所植（按此传说的话，树龄就有 5 000 年了）。该树树龄存有争议，曾有英国学者推测该树树龄有 3 700 年，国内有科学家研究说有 2 000 年左右，至今尚无定论。轩辕柏耸立在桥山脚下的轩辕庙内，侧柏属，树高 20 米以上，胸围 7.8 米。侧柏为单种属植物。该树至今干壮体美、枝叶繁茂，树冠覆盖面积达 178 平方米，树围号称“七搂八拃半，疙里疙瘩不上算”。

洪洞大槐树。大槐树位于山西省洪洞县，是中华民族“寻根”和“祭祖”之地。元朝末年天灾人祸，而山西相对比较安定，大量难民流入山西，致使山西成了人口稠密的地区。明朝建立以后，为了巩固新的政权，发展经济，增强国力，朱元璋决定“移民屯田，开垦荒地”。从明洪武二年至永乐十五年，近 50 年的时间里大槐树下就发生大规模官方移民 18 次，主要迁往京、冀、豫、鲁、皖、苏等 18 个省、500 多个县市。经过 600 年的辗转迁徙，繁衍生息，而今全球凡有华人的地方就有大槐树移民的后裔。洪洞大槐树成为炎黄子孙认祖归宗之地，被当作“家”、称作“祖”、看作“根”。所以，这棵大槐树就成为移民心目中“家”的印象。“问我祖先在何处，山西洪洞大槐树”，这句话流传甚广。

银杏。银杏属落叶乔木，适应性强，对气候土壤要求都很宽泛。树高大挺拔，姿态优美，春夏翠绿，深秋金黄。叶似扇形，叶形古雅，寿命绵长，被列为中国四大长寿观赏树种（松、柏、槐、银杏）之一。银杏生长较慢，寿命极长，自然条件下从栽种到结果要二十多年，40 年后才能大量结果，因此又有人把它称作“公孙树”。北京地坛公园的银杏大道是北京最古老的银杏大道，据说有些银杏在建地坛的时候就种上了，距今有 500 年历史了。

珙桐。珙桐是我国特有的单属植物，落叶乔木。初夏开花，花形奇美。白色的大苞片似鸽子的翅膀，暗红色的头状花序如鸽子的头部，绿黄色的柱头像鸽子的嘴喙，盛开时犹如满树群鸽栖息。西方人引种后称之为“中国的鸽子树”，有象征和平的寓意，为世界著名的珍贵观赏树之一。珙桐花期在 4—5 月，果期在 9—10 月。

水杉。水杉是落叶、针叶大乔木。它以树姿优美、枝叶繁茂、叶色多变而独具一格，被列为古稀名贵植物之一，为我国一级保护植物。水杉是经历过第四纪冰川浩劫的珍贵孑遗植物，生长迅速，10 年左右就高达 10 余米，一般 20 年便可成材。材质轻软，纹理通直，结构细密，是造船、建筑、桥梁、农具和家具的良好材料，又是造纸工业的好原料。水杉不仅是珍贵的“活化石”，而且它有很强的生命力和广泛的适应性，是优良的绿化树种，不但已在我国各地广为栽培，世界上很多国家也争相引种栽培，使其在全球范围内生生不息。

榕树。榕树喜阳光充足、喜温暖湿润气候，不耐寒，在我国分布在华南的广东、福建、广西等地。榕树可以独木成林，从树枝上向下生长的垂挂“气根”多达几千余条，落地入土后成为“支柱根”。这样，柱根相连，柱枝相托，枝叶扩展，形成遮天蔽日、独木成林的奇观。位于广西阳朔县月亮山景区的阳朔大榕树是一棵千年古树，树围有 7 米多，高达 17 米，枝繁叶茂，浓荫蔽天，所盖之地有 100 多平方米，是桂林阳朔的一个著名景点。

菩提树。菩提树喜光、喜高温高湿，在我国主要生长在广东、广西、云南等地。它在《梵书》中被称为“觉树”，被虔诚的佛教徒视为圣树，备受敬仰。传说佛祖释迦牟尼是在菩提树下修成正果（佛）的。

2. 森林风景资源

森林风景资源有野生森林资源、原生森林资源和人工森林资源之分，也可以根据气候带分为热带雨林、红树林、亚热带常绿阔叶林、温带落叶阔叶林四种类型。

（1）热带雨林

热带雨林是由耐阴、喜湿、喜高温的常绿树种组成的，并具有丰富的附生植物和木质的藤本植物，是种类丰富、结构复杂的植物群落。热带雨林中丰富的植物资源和适宜的生存环境也养育了爬行类、两栖类和昆虫类等动物种群。

热带雨林主要分布在南北纬 10° 之间的南美洲亚马孙河流域、非洲刚果盆地、亚洲东南亚地区。其中，亚马孙平原的热带雨林，面积达 700 万平方千米，是世界上规模最大的热带雨林景观（图 5–4）。该流域充足的光照、水分和湿热的气候，孕育了雨林中极为丰富的

图 5–4　亚马孙热带雨林

生物资源。类型多样的生物物种使雨林的景色极为美丽，林内常夏无冬，四季常花、常果，巨大的榕树独树成林，攀缘植物沿乔木攀爬向上，蕨类植物寄生在乔木之上，形成“空中花园”，千姿百态，非常有观赏性。

我国的西双版纳热带雨林自然保护区位于云南省南部西双版纳州景洪、勐腊、勐海3县境内，总面积为2 420.2平方千米，它的热带雨林、南亚热带常绿阔叶林、珍稀动植物种群，以及整个森林生态都是无价之宝，是世界上唯一保存完好、连片大面积的热带森林，深受国内外瞩目。保护区拥有珍稀动植物，如树蛙、跳舞草和孔雀等，是中国热带植物集中的遗传基因库之一，也是中国热带宝地中的珍宝。

（2）红树林

红树林是分布于热带和部分亚热带的滨海地区、以红树植物为主体的由常绿灌木或乔木组成的潮滩湿地木本生物群落。它能起到扩展滩涂、防御风浪潮汐袭击和保护海岸等作用，具有生态保护、经济和科学价值。

我国的红树林分布在海南、广东、广西、福建、台湾和浙江等地。其中，位于广西合浦县的山口红树林，于1990年建为生态自然保护区，是首批国家级海洋类型的自然保护区之一。保护区面积达80平方千米，红树林面积达7平方千米，有红海榄、秋茄、桐花树等12种红树林植物，其中成片的红海榄纯树林在我国极为罕见。

（3）亚热带常绿阔叶林

亚热带常绿阔叶林是发育在亚热带地区大陆东岸、湿润季风气候下的森林植被类型。其树种多为樟科、兰科、山茶科等。丰富的天然食物和良好的气候环境孕育了丰富的动物资源，如昆虫类、鸟类、猿猴类、爬行类等。

我国武夷山国家级自然保护区主要用于保护中亚热带森林生态系统。武夷山有“华东屋脊”的称号，优越的自然条件使这里植被茂密，物种丰富。保护区森林覆盖率达92%，海拔1 000米以下为典型的亚热带常绿阔叶林景观，主要树种有甜槠、南岭栲、大叶栲、苦槠等，局部混生有枫香、赤杨、桦木等。保护区分布有高等植物191科1 852种，保留有许多古老的孑遗种、特有种、珍稀种，如银杏、鹅掌楸、南方铁杉、紫杉、三尖杉、半枫荷、银种树、水松等，有“天然植物园”之称。茂密的森林为动物提供了生存条件，保护区内野生动物达400多种，其中华南虎、猕猴、毛冠鹿、白颈长尾雉、黄腹角雉、穿山甲、苏门羚等为国家级保护动物。

（4）温带落叶阔叶林

温带落叶阔叶林是指由夏季长叶、冬季落叶的乔木组成的森林植被类型，其树种主要有栎树、槭树、桦树等，动物有鼠、鹿、狐、狼等。主要分布在欧亚大陆西部，我国华北、东北及朝鲜、日本、北美五大湖和大西洋沿岸低地等地区，南美洲南端及大洋洲南部也有小面积出现。

奥地利首都维也纳，不仅音乐闻名世界，森林也给人无尽的美感和乐趣。森林从市区西部向南延伸 10 千米，是“世界上绿化最好的城市之一”。林中幽静的村庄，几个世纪以来，一直是众多艺术家的常住之地，也是旅游者进行游览、休闲、避暑、医疗健身和森林旅游等活动的胜地。维也纳森林是一片保持原始风貌的天然林，主要由混合林和丘陵草地组成，共 1 250 平方千米，一部分伸入维也纳市。维也纳森林傍依美伦河谷，水清林碧，给这座古城增添了无比的妩媚。同时，维也纳森林还对洁净空气起着重要作用，拥有“城市的肺”的美誉。施特劳斯谱写的《维也纳森林的故事》更使它名扬世界。

3. 草原风景资源

草原分为天然草原和人工草地。天然草原包括草地、草山和草坡，人工草地包括改良草地和退耕还草地。

草原风景资源的主要吸引物包括草原上的观赏植物、野生动物、气候与气象景观、独特地形地貌等自然资源以及草原上附载的民俗风情、草原岩画等历史遗存。

茫茫的草原，以其辽阔无垠的气派给人旷美的感受。草原与蓝天白云、草原与湖泊雪山、草原与羊群骏马，共同构成一幅幅壮丽而美妙的图画，对人们有巨大的吸引力。

（1）草原资源的空间分布

我国是一个草原大国，天然草原约有 4 亿公顷，约占陆地国土面积的 20%，约占全球草原面积的 12%，位居世界第一。我国的草原主要分布在北方干旱和半干旱的高原山地和青藏高原地区。西藏（占草地总资源量的 29.17%）、内蒙古（占草地总资源量的 20.14%）、新疆（占草地总资源量的 18.90%）、青海（占草地总资源量的 14.59%）、甘肃（占草地总资源量的 5.33%）5 个省（区）集中了全国约 90% 的草地。

世界上主要的大草原有欧亚草原、北美草原、南美草原等。

（2）我国著名的草原风景资源

内蒙古草原位于我国北部，与俄罗斯联邦和蒙古国相邻，由六大草原组成，自东向西的顺序分别是呼伦贝尔草原、科尔沁草原、锡林郭勒草原、乌兰察布草原以及鄂尔多斯草原和阿拉善的荒漠草原。

图 5-5　呼伦贝尔草原

图 5-6　科尔沁草原
图片来源：内蒙古自治区人民政府网

图 5-7　锡林郭勒草原
图片来源：锡林郭勒盟行政公署官网

呼伦贝尔草原位于内蒙古自治区东北部，地处大兴安岭以西的呼伦贝尔高原上，因呼伦湖、贝尔湖而得名，是世界著名的天然牧场，也是世界四大草原之一，被称为世界上最好的草原（图 5-5）。呼伦贝尔草原的总面积约为 11.3 万平方千米，地域辽阔，风光旖旎，水草丰美，3 000 多条纵横交错的河流，500 多个星罗棋布的湖泊，组成了一幅绚丽的画卷。呼伦贝尔草原是我国目前保存最完好的草原，生长着碱草、针茅、苜蓿、冰草等 120 多种营养丰富的牧草，有“牧草王国”之称。

科尔沁草原西邻锡林郭勒草原，北接呼伦贝尔草原。科尔沁草原是我国四大草原之一，曾是成吉思汗二弟哈布图·哈萨尔管辖的游牧区之一（图 5-6），地域辽阔，资源丰富，适宜人类生产生活。科尔沁草原水力资源丰富，有 240 条大小河流；水草丰美，适宜鸟类栖息生存。每年鸟类迁徙之时，这里都会迎来上千种世界珍稀鸟类，如丹顶鹤、鸿雁、灰鹅、遗鸥、青头潜鸭等，为科尔沁草原增添了几分亮丽色彩。

锡林郭勒草原位于内蒙古自治区东中部，是距首都北京最近的草原牧区，境内有全国唯一被联合国教科文组织纳入国际生物圈监测体系的锡林郭勒国家级草原自然保护区，是中国四大草原之一（图 5-7）。“锡林郭勒”在蒙古语中的意思是丘陵地带的母亲河。锡林郭勒草原是我国草原类型复杂、保存较为完好、生物多样性丰富，在温带草原中具有代表性和典型性的草原，更是京津地区和我国北方地区重要的生态屏障。

鄂尔多斯草原属半荒漠草原，它的魅力在于既有草原风光又有沙漠风情（图 5–8）。鄂尔多斯的响沙湾是游人滑沙、骑骆驼游沙漠的好地方。这里以“一代天骄”成吉思汗的陵墓而驰名。

图5–8　鄂尔多斯草原

图片来源：内蒙古自治区文化和旅游厅官方微信公众号

（3）世界知名草原

潘帕斯草原（Pampas Steppe）是位于南美洲南部、阿根廷中东部的亚热带型大草原，面积约为 76 万平方千米，是“没有树木的大草原”（图 5–9）。潘帕斯草原是阿根廷农牧业的主要产区，也是南美的粮仓。潘帕斯草原上有成千上万个农庄牧场，像一颗颗璀璨的明珠，星罗棋布地散落在碧绿的草原上，是人们休闲、观光的好地方。

非洲热带草原分布在非洲热带雨林的南北两侧、东部高原的赤道地区以及马达加斯加岛的西部，呈马蹄形包围热带雨林；分布地区占非洲面积的 1/3，是世界上面积最大的热带草原区。

图5–9　潘帕斯草原

图 5-10　肯尼亚的马赛马拉国家公园

图片来源：https://www.exploretanzaniatours.com

非洲草原生存着大量珍稀动物，肯尼亚的马赛马拉国家公园（图 5-10）、纳库鲁湖国家公园、阿布戴尔国家公园等都是热门旅游景点。非洲草原上的野生动植物是最富有吸引力的资源，草原上的动物大迁徙更是人们向往的场景。每年 6 月左右，坦桑尼亚大草原的青草被逐渐消耗，食物变得越来越少。为了食物，草原上的动物会长途跋涉 3 000 多千米，上演地球上最壮观的动物大迁徙场面。这些动物从坦桑尼亚境内的塞伦盖蒂国家公园南部，迁徙至肯尼亚境内的马赛马拉国家野生动物保护区。

4. 花卉风景资源

（1）花卉概念

“花卉”一词在辞海中解释为“可供观赏的花草”。花卉的概念包括狭义与广义两个方面。狭义的花卉仅指草本观赏植物的总称；广义的花卉又称观赏植物，是具有观赏价值的草本、木本植物的总称。

（2）花卉风景资源价值

花卉因其具有形态美、色彩美、芳香美、意境美等特点，对人们有强烈的吸引力，是一种重要的风景资源。

花卉是构成风景的重要因素之一。花卉的种类极多，范围广泛，是构成景观的重要组成部分，是园林绿化中美化、香化的重要材料。花卉能够快速形成芳草如茵、花团锦簇、五彩缤纷、荷香拂水等优美的植物景观，给环境带来勃勃生机，产生使人心旷神怡、流连忘返的艺术效果。

花卉美丽的色彩和细腻的质感，使其形成细致的景观，常用作前景或近景，形成亮丽的色彩景观。花卉既可以盆栽，也可以地栽。盆栽装饰厅堂、布置会场和点缀房间；地栽布置花坛、花境和花台等。花卉通过丛植或孤植，可以用来强调出入口和广场的构图中心，点缀建筑物、道路两旁、拐角和林缘，在烘托气氛、丰富景观方面有其独特的效果。

花卉能够改善环境，主要表现在花卉通过光合作用吸收二氧化碳，增加空气中的氧气，从而净化空气；花卉通过蒸腾作用增加空气相对湿度，降低空气温度；一些花卉能够吸收有害气体或自身释放杀菌素而净化空气；花卉的叶表可吸附空气中的灰尘起到滞尘作用；栽培花卉能覆盖地面，其根系可固持土壤、涵养水源，减少水土流失。

观赏花草能消除疲劳，使人精神焕发，以充沛的精力和饱满的热情投入工作与生活中去。仅以观花植物而论，有的花型整齐，有的奇异；有的花色艳丽，有的淡雅；有的花朵芬芳四溢，有的幽香盈室；有的花姿风韵潇洒，有的丰满硕大，千变万化，美不胜收。更有多种观叶、观果的花卉种类给人以美的享受。可以说，花卉能美化人们的生活环境、陶冶情操、净化心灵、提高人们的精神文化生活质量。

（3）花卉分类

按生物学性状，花卉可分为草本花卉、木本花卉、多肉多浆植物三类。

① 草本花卉

草本花卉是以植物的茎为草质、柔软多汁、木质化程度低、容易折断的花卉。按花卉形态，草本花卉可分为 6 种类型。

一、二年生花卉。一年生花卉是指个体生长发育在一年内完成其生命周期的花卉。这类花卉在春天播种，当年夏秋季节开花、结果、种子成熟，入冬前植株枯死，如凤仙花、鸡冠花、孔雀草、半枝莲、紫茉莉等。二年生花卉是指个体生长发育须跨年度才能完成生命周期的花卉。这类花卉在秋季播种，第二年春季开花、结果、种子成熟，夏季植株死亡，如金鱼草、金盏菊、三色堇、虞美人、桂竹香等。

宿根花卉。这一类花卉是指植株入冬后，地上的茎、叶干枯，根系在土壤中宿存越冬，第二年春天由根萌芽而生长、发育、开花的花卉，如菊花、芍药、玉簪、蜀葵、耧斗菜、落新妇等。

球根花卉。这一类花卉是指地下的根或地下的茎已变态为膨大的根或茎，以其储藏水分、营养度过休眠期的花卉，如百合、郁金香等。

多年生常绿花卉。这一类花卉是指植株枝叶一年四季常绿，无落叶休眠现象，地下根系发达的花卉。这一类花卉在南方作露地多年生栽培，在北方需要温室多年生栽培，也称“温室花卉”。观花花卉有蝴蝶兰、大花蕙兰、春兰、剑兰、墨兰、红掌、凤梨花、丽格海棠、大花君子兰、杜鹃花、仙客来、鹤望兰、蟹爪莲、金苞花、天竺葵、百子莲、文殊兰等。观叶植物有紫背竹芋、天鹅绒竹芋、波浪竹芋、孔雀竹芋、冷水花、吊兰、一叶兰、万年青、文竹、蒲葵、散尾葵、棕竹、巴西木、马拉巴栗、龙血树、富贵竹等。

水生花卉。水生花卉是常年生长在水中或沼泽地中的多年生草本花卉，如莲花、菖蒲、浮萍等。

蕨类植物。蕨类植物是指叶丛生状，叶片形状各异，不开花也不结种子，叶片背面着生孢子，依靠孢子繁殖的花卉，如肾蕨、铁线蕨、鸟巢蕨、鹿角蕨等。

② 木本花卉

木本花卉是指植物茎木质化、木质部发达、枝干坚硬、难折断的花卉。根据形态分为三类。

乔木类。乔木类是指植株高大、有明显的主干，而且分枝较高的木本植物。乔木类可分为常绿乔木类（如白兰、柑橘、桂花、棕榈等）和落叶乔木类（如白玉兰、梅花、樱花、垂丝海棠等）。

灌木类。灌木类是指没有明显主干，由根际萌发丛生状枝条的花卉。灌木类可分为落叶灌木类（如牡丹、月季花、蜡梅、枸杞、贴梗海棠等）和常绿灌木类（如南天竹、十大功劳、茉莉花、紫叶小檗等）。

藤本类。藤本类通常指茎不能直立的木本植物，需利用自身的缠绕或借助卷须等特殊器官攀援于其他物体上。藤本类可分为常绿藤本类（如常春藤、常春油麻藤、络石、霹雳、金银花等）和落叶藤本类（如紫藤、地锦、爬山虎、葡萄、猕猴桃等）。

③ 多肉多浆植物

多肉多浆植物是指植株茎变态为肥厚能储存水分、营养的掌状、球状及棱柱状，叶变态为针刺状或厚叶状并附有蜡质且能减少水分蒸发的多年生花卉。常见的有仙人掌科的仙人球、昙花、令箭荷花，大戟科的虎刺梅，番杏科的松叶菊，萝藦科的佛手掌，景天科的燕子掌、毛景天，龙舌兰科的虎皮兰、酒瓶兰等。

二、动物风景资源

自然界动物种类很多，种群复杂，数量丰富。一些动物因其稀缺性或本身的体态、色彩和声音等具有很好的美学观赏价值，从而深受旅游者的喜爱，成为一种重要的风景资源。

（一）动物风景资源的吸引力

1. 珍稀性

珍稀性主要是指一些动物在自然界现存种群数量极为稀少，它们多分布在一些空间狭窄的地带，有些濒临灭亡，“物以稀为贵”，也因此对人们具有很大的吸引力。以下几种都是世界濒危物种，弥足珍贵。

爪哇犀，独角犀属犀牛，栖息于爪哇岛低地雨林和红树林沼泽中。爪哇犀喜欢独来独往，以树枝、嫩芽、嫩叶、果子、竹类、芒果及无花果等为食。由于人类的猎杀，至 2019 年，据专家估算，全球仅存 72 头爪哇犀，栖居在印度尼西亚国家公园。

远东豹，全球极度濒危的大型猫科动物。据国际最新的统计数据，其种群一直未超过 100 只，仅分布于中国和俄罗斯，中国约有 10 只，俄罗斯大概有 30 多只，其濒危状况已经引起全球的关注。

扬子鳄，中国特有的一种鳄鱼，是世界上最小的鳄鱼品种之一。它既是古老的，又是现存数量非常稀少、世界上濒临灭绝的爬行动物。在扬子鳄身上，至今还可以找到早先恐龙类爬行动物的许多特征。所以，人们称扬子鳄为“活化石”。扬子鳄对于人们研究古代爬行动物的兴衰和研究古地质学和生物的进化都有重要意义。中国已经把扬子鳄列为国家一级保护动物，严禁捕杀。

亚洲象，属于长鼻目象科。目前，野生象很少，在东南亚一些国家驯养的家象、役象很多。我国的野生象仅分布于云南省南部与缅甸、老挝相邻的边境地区，数量十分稀少。经过多年保护，2022 年 3 月 3 日数据显示，我国亚洲象种群数量由 1985 年的 180 头增至 300 头左右。

坡鹿，外形与梅花鹿相似，但体形较小，花斑较少，是我国一级保护动物。坡鹿栖息在丘陵草坡地带，分布于东南亚及中国的海南岛，但目前泰国、越南的坡鹿或已灭绝。我国海南坡鹿的栖息地，因人类活动的影响，使坡鹿曾遭灭绝，后重新引入鹿仔驯养，目前坡鹿数量已恢复至 250 余头。

苏门答腊犀，是双角犀属的唯一物种，独居动物。最早的双角犀属的化石记录出现在中新世早期，现仅在马来半岛、苏门答腊岛与婆罗洲有零星分布，生活在雨林、沼泽和云林中。由于人类过度捕杀和栖息地受到破坏，该物种已成为极度濒危动物，全球数量仅存 200 余头。

克罗斯河大猩猩，栖息于热带林区，食量很大，主要吃植物嫩芽、竹笋等。

1904 年被发现时，克罗斯河大猩猩曾作为单独的种属来命名，后研究证明其是西非大猩猩的亚种。现存总量在 300 只以下，分散在喀麦隆和尼日利亚的热带雨林中。

加湾鼠海豚，加利福尼亚湾北部的特有物种，是世界上最濒危的鲸豚类动物，1996 年就被列为极度濒危物种。根据 2018 年夏天收集的声学数据，全世界只剩下最多 22 只、最少 6 只幼年的加湾鼠海豚。

我国幅员辽阔、地貌复杂、气候多样，为各种生物及生态系统类型的形成发展提供了优越的自然条件，还由于我国的大部分地区在第四纪冰期时受大陆冰川的影响较小，因而部分特有种属的动物得以保存下来。大熊猫、金丝猴、白鳍豚、白唇鹿、褐马鸡、朱鹮、华南虎、羚牛、藏羚、扬子鳄等物种，均为中国所特有。

大熊猫，是世界上最珍贵的动物之一，是著名的珍稀孑遗动物，在地球上生活了至少 500 万年，可以说是“活化石”了。大熊猫体型肥硕似熊、丰腴富态，头圆尾短，黑白相间的外貌，憨态可掬，深受人们喜爱。大多数动物是不能消化纤维素的，但大熊猫可以，它的主食是竹子，一次能吃很多，有很好的消化系统。大熊猫主要分布在秦岭山系、岷山山系、邛崃山山系、大相岭山系、小相岭山系、凉山山系六大山系，除秦岭山系属于陕西省范围外，其余五大山系均在四川境内，唯有岷山山系尾部深入甘肃南部，所以说四川是大熊猫的故乡。由于其自身食性、繁殖能力和育幼行为方面的原因，加之栖息地破碎化，大熊猫野生种群面临着重大的危机。我国自 1963 年建立大熊猫自然保护区以来，坚持常年巡逻检查，抢救生病和挨饿的大熊猫，制止和惩处危害大熊猫的犯罪行为。1989 年，我国将大熊猫列为“一级保护动物”。2017 年启动的大熊猫国家公园体制试点，是我国大熊猫保护工作的一次重大创新。

金丝猴，是灵长类中最漂亮的动物，也是中国特有的珍稀动物。其主要栖息于四川的西部和北部、甘肃最南部山区、陕西南部的秦岭山区，在湖北西部的神农架林区也有发现。因分布地域的差别而出现川、滇、黔三个地理亚种。一般栖居于海拔 2 000 ～ 4 000 米的高山上，是唯一以针叶为主食的猴类，是一种典型的树栖动物。金丝猴圆头长尾，青面蓝鼻，鼻孔朝天，肩背毛光亮，黄如金丝，因此而得名。它擅长攀树，动作灵活，聪明过人，是游人喜爱有加的珍稀动物。

白鳍豚，是我国特有的珍稀潜水动物之一，是世界上最大的哺乳淡水鲸。成年白鳍豚长可达 2 米多，背部浅灰蓝色，腹部纯白，善于游水，时速可达 80 千米左右。由于长期生活在浑浊的江水中，视听器官已退化，但大脑特别发达，声呐系统极为灵敏，头部还有超声波功能，一遇紧急情况，立即潜水躲避。白鳍豚仅分布在我国长江中下游江湖中，数量极为稀少，十分珍贵。

白唇鹿，生长在世界屋脊青藏高原的黄河源头巴颜喀拉山北麓的鄂陵湖和扎陵湖地区，数量极其稀少，因鼻端两侧和唇为纯白色而称为白唇鹿，也被称为“世界屋脊之鹿”。白唇鹿特别温驯可爱，所以深受小朋友喜欢。

华南虎，是中国特有的虎亚种，仅在中国分布，生活在中国中南部，以草食性动物野猪、鹿、狍等为食，是中国的十大濒危动物之一、国家一级保护动物，红色物种名录极度濒危品种，在野外已灭绝。

2. 奇特性

奇特性，即动物在形态、生态、习性、繁殖和迁移、活动等方面的奇异表现。游人通过观赏可获得奇特、怪异等美感。动物是活的有机体，能够跑动、迁移，还能进行种种有趣的“表演”，对游人的吸引力大大超过植物，如无脊椎动物中以姿色取胜的珊瑚、蝴蝶，脊椎动物中千姿百态的观赏鱼、龟、蛇、鸟类、兽类等。其中鸟类、兽类是最重要的观赏动物，它们既可观形、观色、观奇、观动作，还可听其鸣叫声，获得从视觉到听觉的多种美学效果。

3. 表演性

动物不仅有自身的生态习性，而且在人工饲养、驯化条件下，某些动物会产生各种模拟动作，如模拟人类动作或在人的指挥下做出粗犷而有趣的“表演”动作等。斗牛、斗马、斗鸡、耍猴、驯熊、玩蛇、养鸟、放鹰、赛马、海豚表演等都属于动物表演。

另外，动物和植物一样，具有造园功能，给人们提供参观场所，主要表现形式有动物园、野生动物园、水族馆、标本馆等。

（二）动物风景资源的类别

动物风景资源大体有以下两种类型：一是动物栖息地（包括鸟类栖息地、动物保护区等），二是动物园。

1. 动物栖息地

动物栖息地是指动物长期或季节性分布的生存环境。栖息地可为动物提供生存所需要的生态条件，如食物、水、温度、保护场地等。由于动物种类多样，数量众多，动物的分布非常广泛，因此，动物栖息地是一个涵盖范围很广的概念。从旅游资源的角度来看，根据主要观赏物种的类型差异，可分为以下类型：鸟类栖息地、珍稀哺乳动物栖息地、珍稀鱼类栖息地、其他动物栖息地等类型。

（1）鸟类栖息地。鸟类栖息地主要有两种类型：一种是林地鸟类栖息地，如温带森林、热带雨林以及高纬度地区的寒带针叶林都是鸟类重要的分布区域，林地复杂的植被类型和丰富的果实为鸟类提供了生存条件。另一种是湿地鸟类栖息地，湿地的概念包括了河流、湖泊、沼泽、岛屿、沿海滩涂、红树林等类型，这类栖息地具有丰富的水草和鱼类资源供鸟类利用。针对鸟类栖息地的湿地保护问题，国际上签署了《关于特别是作为水禽栖息地的国际重要湿地公约》，并编制了国际重要湿地名录。

我国湖沼、河流面积广大，形成了众多的湿地鸟类栖息地，许多湿地已被划为国家级保护区，或列入国际重要湿地名录，如以丹顶鹤为主要保护对象的黑龙江扎龙、吉林向海、江苏盐城自然保护区等。

美丽的青海湖鸟岛，是鸟儿的乐园与天堂。近年来，优美壮丽的鸟岛风光，吸引了许多游人前来观光。岛上鸟类数量多，约有八九万只。这里是斑头雁、鱼鸥、棕头鸥的世袭领地。每年春天，斑头雁、鱼鸥、棕头鸥等一起来到这里，在岛上各占一方，筑巢垒窝，全岛布满鸟巢。到了产卵季节，岛上的鸟蛋一窝连一窝，密密麻麻数不胜数。

（2）珍稀哺乳动物栖息地。哺乳动物的栖息地类型众多，从高纬地区的冻原地带，到干旱、半干旱的荒漠、草原地带，再到湿润的森林地区，甚至到江河海洋，都分布有哺乳动物的身影。如，冻原地带有驯鹿、麝牛、雪兔、北极狐等，森林中有美洲豹、华南虎、猴类等，草地上有善于奔跑的斑马、瞪羚、狮、豹等，海洋中有抹香鲸、海牛等。

我国拥有一些珍贵的哺乳动物类型，它们的栖息地多数已被划为自然保护区，成为重要的生态旅游资源，如以大熊猫为主要保护对象的卧龙、王朗、佛坪、九寨沟等自然保护区，以白鳍豚为主要保护对象的湖北石首天鹅洲自然保护区，以斑海豹为保护对象的大连自然保护区，以猴类为主要保护对象的海南南湾自然保护区等。

峨眉山生态猴区是我国目前最大的自然生态猴保护区。生态猴保护区内现有三支家族式野生猴，达三百多只，常聚集路旁，与游人戏耍、讨食，在佛堂内随香客叩头拜佛，被称为“猴居士”。峨眉山灵猴是峨眉山的精灵，嬉闹顽皮、憨态可掬又极通人性，见人不惊、与人相亲、与人同乐，给游人带来无数欢乐，成为峨眉山的一道活景观。

大熊猫是国家一级保护动物，也是我国的“国宝”。为了对它进行保护，我国在秦岭西部、岷山、邛崃山和大、小凉山一带，建立了 9 个以保护大熊猫为主的自然保护区，其中四川卧龙自然保护区最为著名。在卧龙自然保护区，人们不仅可以看到大熊猫及其栖息环境，还可以了解其独特的生活习性，从而进行科研、教育普及等活动。

（3）珍稀鱼类栖息地。鱼类的栖息地可分为两种基本类型，即淡水鱼类栖息地和盐水鱼类栖息地。前者包括陆地上的主要江河湖沼，后者主要有海洋和陆地盐水沼泽、湖泊等类型。

我国江河中的一些珍稀鱼类，具有较高的观赏价值和科研价值，可用于开展旅游活动。如国家级保护物种中华鲟、中华胭脂鱼就生活在长江流域中。中华鲟是世界上现存 27 种鲟鱼中的珍稀种类，为全球分布最南的鲟种，还是地球上最古老的脊椎动物，是大型洄游性鱼类，距今已有 1.4 亿年的历史。目前，在湖北宜昌建有中华鲟鱼馆，供游人参观。

热带海洋中的珊瑚礁地区，由于海底地形复杂，海水环境优越，吸引了大批鱼类和其他海洋生物在此栖息，成为海洋生态旅游的主要场所。如澳大利亚的世界自然遗产大堡礁就属于这种类型。大堡礁地处昆士兰州以东、南回归线与巴布亚湾之间的热带海域，包括上千个珊瑚岛礁和沙滩，是世界上规模最大、景色最美的珊瑚礁群。

2. 动物园

动物园是搜集饲养各种动物，进行科学研究和迁地保护，供公众观赏并进行科学普及和宣传保护教育的场所。动物园有两个基本特点：一是饲养管理着野生动物（非家禽、家畜、宠物等家养动物），二是向公众开放。符合这两个基本特点的场所即是广义上的动物园，包括水族馆、专类动物园等类型。狭义上的动物园指城市动物园和野生动物园。

海洋公园里一般都有海豚、海狮表演；动物园里有大象、猴子表演等以及动物马戏表演。动物表演背后一般都是艰苦甚至是残酷的动物训练，所以也引起了人们的普遍争议，指责这种虐待动物的行为。

第三节　生物风景资源规划开发案例

一、植物风景资源规划开发案例

（一）锡林郭勒草原景观规划设计

1. 案例地简介

锡林郭勒草原位于内蒙古自治区东中部的锡林郭勒盟，境内有被联合国教科文组织纳入国际生物圈监测体系的锡林郭勒国家级草原自然保护区（图 5-11）。

图5-11　锡林郭勒乌拉盖草原

图片来源：锡林郭勒盟行政公署官网

2. 案例地风景资源

地貌资源。锡林郭勒草原作为我国内蒙古高原的一部分，地势平坦开阔，呈波状起伏，内部地表形态丰富多彩，有千里平原塔木齐音塔拉，有众多大小盆地和古河床，如被称为瀚海的东西苏盆地和古河床，有正蓝旗境内的浑善达克沙地和乌珠穆沁的风沙地貌，还有特殊地貌类型，如阿巴嘎旗岩溶地貌、锡林浩特市的火山地貌等。

生物资源。锡林郭勒草原景观多姿多彩，自东向西由森林草原、草甸草原和典型草原向半荒漠草原过渡。其中典型草原面积广大，牧草品质优良，以菊科和禾本科为主，是我国著名的牧业区，也是世界著名的天然草场之一。这里牛、羊、马、驼等家畜俱全，是我国肥尾羊和细毛羊的重要产地之一。这里有闻名世界的蒙古马、三河牛、草原红牛等优良品种，此外还有旱獭、羚羊、天鹅等野生珍禽异兽，也有白蘑、发菜等名贵绿色食品和黄芪、赤芍等名贵药材。

水体资源。锡林郭勒草原上蜿蜒的河流和明珠般的湖泊众多，有锡林河、吉林河、乌拉盖河、巴拉嘎尔河、滦河及其上游的闪电河（上都河）等大小河流。查干淖尔、白音查干淖尔、小扎格斯台淖尔、额吉淖尔、达来淖尔等湖泊、水泡和湿地星罗棋布。此外，还有阿尔善宝力格苏木境内的天然矿泉。

气候资源。锡林郭勒属温带草原气候，夏季温热，秋高气爽，光照充足。年日照时数为 2 800 ～ 3 200；降水集中在夏秋两季，雨热同期。尤其 7—9 月气温、湿度、风速、日照等气象要素最宜人，是避暑纳凉的理想之地。此外，锡林郭勒的空气清爽洁净，蓝天白云也久负盛名。

人文资源。锡林郭勒草原拥有蒙古民族独特的文化、风土人情以及众多的古代历史遗迹等独具特色的人文景观。传统的游牧经济、草原文化和牧业文明也独具魅力。这里的民族风俗、服饰、节庆活动以及建筑、艺术、歌舞等人文景观和热情豪放的气氛等具有强烈的感染力，还有盛大的“那达慕”节庆活动，可领略摔跤、赛马、射箭等传统的民族体育盛况。

3. 案例地景观规划设计原则

锡林郭勒草原规划坚持“生态优先、绿色发展”的原则，建立草原生态保护分区分级管控机制和监督长效机制，规范草原旅游发展。全盟文化旅游开发需服从和促进草原生态保护，走生态优先的草原旅游发展之路，推进草原旅游景区、“牧人之家”控量提质，延伸马产业等特色产业链条，促进全盟“文化旅游+”生态产业发展。

锡林郭勒草原规划坚持区域特色原则，突出锡林郭勒盟丰富灿烂的游牧文化资源，立足区域文化特色，保护草原文化遗产和非物质文化资源，按照文旅融合、产业融合的理念，发展“锡林郭勒印象”文创产品旗舰店、“少年骑士营”、文化演艺、研学基地等特色项目，进一步凸显锡林郭勒盟草原旅游的差异性和吸引力，打造创新旅游产品体系。

锡林郭勒草原规划坚持创新引领原则，根据锡林郭勒盟文化旅游业发展特征，突出创新资源导入与整合，推进锡林郭勒盟草原旅游由资源导向转向市场导向，围绕重点项目培育和发展新业态、新产品，促进草原旅游提档升级。通过康养、户外运动、研学、艺术等新业态的培育，提升锡林郭勒盟草原旅游发展水平，逐步培育一批有市场号召力的创新项目，提高游客体验度，提升锡林郭勒盟草原旅游品牌。通过“牧人之家”和旅游牧场的标准化管理，促进农牧乡村旅游发展，带动牧区乡村振兴与扶贫。

4. 案例地空间布局

锡林郭勒草原依托区位特征、自然资源与文化源流，构建“一区一线两都四片区四环线九组团”的总体空间布局结构。

一区：锡林郭勒国家全域旅游示范区。

一线：锡林郭勒千里草原风景大道。

两都：元上都遗址、中国马都。

四片区：中部片区（包括锡林浩特市、阿巴嘎旗）、东部片区（包括东乌珠穆沁旗、西乌珠穆沁旗和乌拉盖管理区）、南部片区（包括镶黄旗、正镶白旗、正蓝旗、太仆寺旗、多伦县）、西部片区（包括二连浩特市、苏尼特右旗、苏尼特左旗）。

四环线：中国马文化旅游环线、东部原生态旅游环线、南部蒙元文化旅游环线以及西部口岸商务旅游环线。

九组团：怀旧体验与草原度假组团、原生态游牧文化体验组团、非遗文化体验休闲组团、马都庆典人文休闲组团、世界遗产深度体验与户外运动组团、草原湖泊生态休闲组团、御马文化与农耕体验休闲组团、察哈尔文化深度体验组团、科考探险草原旅游组团。

5. 案例地主要节点规划设计

（1）中国马都核心区文化生态旅游区

中国马都核心区文化生态旅游区属于锡林郭勒草原的中部分区。为打造“中国马都”，旅游区与锡林郭勒职业学院合作，提升现有马赛事活动的规模和影响力，延伸马产业链条，打造更多的马衍生品，形成独特优势；建设“锡林郭勒印象”文创产品旗舰店；与锡林郭勒职业学院、中国马术协会等机构合作，设置草原骑士营，开设成人及儿童马术培训课程；与周边景区合作，开展常态化小型马文化演出。同时旅游区提升景区基础设施和旅游服务设施，致力于建成国内标志性的一站式马主题文化休闲旅游目的地。

（2）乌兰五台旅游区

乌兰五台旅游区地处锡林郭勒草原东部，依托乌兰五台深厚的文化底蕴、纯正的蒙古族游牧文化资源，以草原环境为基底，完善文化设施和文化景观，提升度假载体，丰富体验业态，引入草原休闲与游乐产品。重点发展禅修体验、户外休闲等创新业态，将乌兰五台打造成集文化体验、养生度假、户外休闲于一体的旅游度假目的地。

（3）蒙古汗城旅游区

蒙古汗城旅游区位于锡林郭勒草原东部，通过挖掘草原游牧文化内涵，结合现代演艺形式，引入序列化、小而精的演出项目，非遗展示与体验项目，增加帐篷营地与草原木屋等多元住宿设施，将蒙古汗城打造成深度游牧文化体验旅游目的地和草原非遗文化研学基地。

（4）元上都遗址旅游区

元上都遗址位于锡林郭勒盟正蓝旗上都镇，是世界文化遗产。元上都遗址旅游区按照国家 5A 级景区的标准，建有景区游客中心、停车场，以数字展示中心为核心，优化文化展示和旅游体验方式，与元上都博物馆、空中游览、实景演艺、文化节事等项目相结合，丰富景区内容，提升旅游承载力，扩大品牌影响力，打造与世界遗产相匹配的文化旅游目的地。积极植入全新业态，如增加影音观赏、中小型演艺、低空飞行等项目，吸引活力人群，提升文化娱乐休闲产品的品质。同时积极打造中国元上都文化旅游节，增加节会内容，提升文化品牌影响力，打造国家级节庆文化品牌。

（5）二连浩特市国家地质公园

二连浩特市国家地质公园依托闻名中外的晚白垩世恐龙化石群遗迹，以恐龙文化体验为核心，将博物、主题游乐、高科技声光电与影视特效、多媒体网络等完美结合，打造融主题展览、深度体验、动漫娱乐、休闲互动于一体的国家地质公园、边境知名科考休闲旅游目的地以及恐龙文化创意类主题园区。

（二）美国纽约中央公园景观规划设计

1. 案例地简介

中央公园位于美国纽约市曼哈顿区，南起第 59 街，北抵第 110 街（南北相距约 4 千米），东西两侧被著名的第五大道和中央公园西大道所围合（约 0.8 千米），公园占地约 3.4 平方千米，长跨 51 个街区，宽跨 3 个街区，是世界上最大的人造自然景观之一（图 5-12）。

公园于 1873 年建成，历时 15 年，为人们忙碌紧张的生活提供了一个悠闲的场所。公园里面有草地、小森林、庭院、溜冰场、旋转木马、露天剧场、两座小动物园、湖泊、网球场、运动场、美术馆等。园内的活动项目很多，从平时的垒球比赛

图 5-12　纽约中央公园

到节庆日举办的各种音乐会，为身处闹市中的居民和游客提供了急需的休闲场所和宁静的精神家园。

2. 案例地规划设计理念

中央公园景观规划设计体现了以下设计理念。

（1）自然式的理念——田园牧歌，风景如画。奥姆斯特德及其追随者提炼升华了英国早期自然主义景观理论家的分析以及他们对风景的“田园式”“如画般”品质的强调。

（2）景观共性与平等。奥姆斯特德倡导城市景观并非少数人所赏玩的奢侈品，而是公共和开放的，是普通公众身心再生的空间。

（3）景观系统统一。奥姆斯特德提出景观包括城市公园和绿地系统、城乡景观道路系统、居住区、校园、地产开发和国家公园的规划设计管理的广阔领域。

（4）注重艺术创作。艺术创作可以使人们感观上得到美的享受。因而，每一个小的局部都被精心策划。同时，设计师发挥了园地上原有的积极因素，改变消极因素。设计师富于想象力的布景手法，至今仍被人们赞誉。

3. 案例地总体布局与功能分区

中央公园分为三个部分：延伸至杰奎琳·肯尼迪·奥纳西斯水库上方的“北端”、位于北部的水库和南部的湖泊与温室水之间的“中公园”以及湖和温室水域下方的“南端”。

中央公园位于曼哈顿岛正中，也是城市中人流最密集的区域，需要考虑各个年龄段与阶层的需求，尤其是满足儿童娱乐的需要。公园有运动场、美术馆、儿童游戏场、植物园、动物园、影剧院、大草坪以及大面积的湖面、各种游步道等景点，不同空间相互渗透。与传统的西方古典园林不同，中央公园在划分功能区域时尽量避免轴线布局，弱化直线，追求中国园林“虽为人做，宛自天开”的意境。公园功能区有游憩观景区、休闲娱乐区、体育活动区、儿童游乐区、密林区、建筑区、水域观光区等。

4. 案例地主要节点的景观设计

眺望台城堡：坐落在远景岩的眺望台城堡是中央公园最具标志性的特色之一，由中央公园的联合设计师卡尔弗特·沃克斯和建筑师雅各布·雷伊·莫尔德设计，该结构和相邻的露台及凉亭都被称为“Belvedere”，在意大利语中意为“美丽的景色”。整个建筑群于1872年完工，被设计成一个可以欣赏周围景观的地方。该建筑由曼哈顿片岩建造，也被设计为这片区域景观的焦点，吸引着游客前往参观。

温室花园的紫藤凉棚：凉棚由精致的锻铁制成，两旁的长凳可以欣赏到第五大道的美丽景色。石质人行道上刻有原始 13 个州名的纪念章。每年 5 月初，紫藤绽放出绚丽的紫色花朵，散发出芬芳。

北草甸蝴蝶园：是由中央公园保护协会和志愿者于 2000 年建成的，这里有很多生产花蜜的多年生植物，常年都开花。

自然主义者小径：位于街道下方，阴凉、安静的环境结合林地植物使其成为野餐、放松、散步和观察大自然的理想场所。其最风景如画的景点之一是一座质朴的桥，横跨一条连接湖泊的小溪，也是观鸟者的热门地点。

杜鹃花步道：一条春天盛开的杜鹃小径。

赫恩斯黑德：提供了兰布尔、湖泊和南部城市天际线的广阔景观。周围的景观种植着许多春天盛开的花朵，包括杜鹃、弗吉尼亚风铃草、兜状荷包牡丹和水仙花。

樱桃山：以每年春天在这片风景中盛开的樱桃树命名，是俯瞰湖泊的热门目的地。

奥姆斯特德花坛：奥姆斯特德花坛全年种植郁金香、三色紫罗兰、福禄考、杜鹃和其他花朵，供人们欣赏。

杰奎琳水库：该水库以其周围 1.58 英里[①] 的轨道而闻名。每天有数千名跑步者在这里锻炼身体。春季沿水库可欣赏樱花，风景尤其优美。

莎士比亚花园：一个美丽的小花绿洲。坐在质朴的长椅上，可以欣赏到攀爬玫瑰、水仙花、紫罗兰、郁金香和其他花朵。特殊之处在于这里只种植莎士比亚戏剧或诗歌中提到的鲜花。

二、动物风景资源规划开发案例

云南西双版纳傣族自治州野象谷规划设计

1. 案例地简介

野象谷地处云南西双版纳国家级自然保护区勐养子保护区（联合国教科文组织人与生物圈保护区），距离西双版纳傣族自治州首府景洪市 22 千米，是全国科普教育基地、西双版纳国家级自然保护区管护局同世界自然基金会（WWF）的合作项目、亚洲

① 1 英里 =1 609.344 米。

图5-13　野象谷里的亚洲象

图片来源：西双版纳傣族自治州人民政府网

象研究基地和西双版纳野生蝴蝶饲养繁殖的研究基地、中国亚洲象种源繁育基地等。野象谷是中国境内唯一能安全观看野生亚洲象的景区（图 5-13），区内现存亚洲象 300 头左右。

2. 案例地风景资源

（1）动植物风景资源

野象谷鸟兽众多，除亚洲象外，还有野牛、绿孔雀、猕猴等珍奇动物，是各种动物游行的通道。纵横的沟壑、茂密的森林、繁多的植物为以亚洲象为主的野生动物提供了良好的栖息环境。

野象谷为低山、浅丘、宽谷地形，区内沟河纵横，森林类型依海拔高度变化而分为热带雨林、南亚热带常绿阔叶林等，森林覆盖率为 96%。野象谷有以热带雨林为主的多种植被类型，雨林中的木质藤本植物在林层之间来回穿梭，高的可达数十米，有的冲出树冠形成藤蔓，高大的树上附生着兰花等多种植物，林内板根、气生根和支柱根发达，绞杀现象普遍，处处展现着热带森林的奇观。

（2）气候风景资源

野象谷所在的景洪市年均气温在 21.0 ～ 22.6℃，最冷月（1 月）平均气温在 12 ～ 16℃，最热月（6 月）平均气温在 24 ～ 27℃，极端最低温度为 -0.5 ～ 2.7℃。雨季占 10% ～ 20%，干湿季分明。全年无冬夏之分，仅有干湿季节之别，是我国条件较好的热带、亚热带气候区。终年温暖湿润，静风少寒，无霜。野象谷景区处于海拔相对较高的位置，又有优渥的森林环境，最热月份平均气温比景洪市平均气温低 4℃，气候相对凉爽，是理想的避暑胜地，适宜开展多种旅游活动。

（3）人文旅游资源

野象谷景区位于景洪市勐养镇辖区，勐养镇是西双版纳傣族自治州内唯一一个同时具有三个傣族支系（即水傣、汉傣、花腰傣）和独有基诺族和山地雨林民族的多民族文化氛围的乡镇。人们与自然相依相融，和谐共处。景区内有西双版纳傣族传统竹楼建筑，造型美观简朴，具有冬暖夏凉和防潮防震的特点。此外，景区内别具风味的餐饮、特色鲜明的民间手工艺品等，使游客在景区内无时不体验到浓郁的人文底蕴与文化氛围。

3. 案例地风景资源规划设计原则

（1）生态性原则

野象谷作为云南西双版纳国家级自然保护区对外开放的重要窗口，一直发挥着全国科普教育基地的作用。2002 年以来，景区与保护区生态旅游管理所、国际爱护动物基金会（IFAW）合作，引入“绿色”理念，持续开展亚洲象知识及生态环境保护专题培训，不断提升景区职工的资源环保意识。2012 年，保护区生态旅游管理所与国际爱护动物基金会合作，以野象谷为重点出版了《西双版纳热带雨林国家公园绿色导游解说技巧》，分发给野象谷职工，每年举办绿色导游解说培训提升队伍素质。

（2）保护性原则

“中国只有一个野象谷”，这是野象谷的宣传广告，既体现景区的稀有性和唯一性，同时也警示保护大象的重要性和紧迫性。“保护亚洲象、保护我们的绿色家园”是野象谷在发展过程中逐渐形成的理念。当游客置身野象谷，会亲身体会到这不仅是一个旅游景区，更像是一个宣传大象保护及生态教育的学堂，无论是管理员、讲解员，还是后勤工作者，他们都身穿保护区工作服，用实际行动保护着亚洲象，守护着这片绿色家园，传播着绿色旅游的理念。

2021 年 12 月 3 日中老昆万铁路正式开通，起点为云南昆明，终点为老挝首都万象，是一条名副其实的“绿色之路”。中老昆万铁路在地方政府和林业部门的协同下充分考虑了亚洲象的分布和迁移通道，最终线路走向避开了亚洲象的主要活动区域，通过延长隧道、以桥代路、设置隔离栅栏和声光屏障等措施，保证将对野象谷生态环境的影响降到最低。

4. 案例地主要节点的景观设计

（1）森林体验

森林探险区内有沟谷雨林、山地雨林、季风常绿阔叶林。林间铺设有 4 000 米步道，沿途建有观象台。道旁有乔木板根出露、古藤攀树、植物绞杀等独具特色的景观。游客也可住在大树旅馆观测野象夜间的活动。

野象谷内建立了中国第一所大象驯养表演学校，可以在动物观赏区内观赏训练有素的大象表演有趣的节目。每天都有固定的大象表演，受过训练的大象与工作人员互动，如跳舞、过独木桥、用鼻子踢球等；同时游客也可以近距离与训练有素的大象亲密接触，如合照、大象卷鼻抱起游客等体验。

（2）自然教育

亚洲象博物馆是我国第一个以亚洲象为主题的博物馆，致力于普及亚洲象的专业知识，让游客了解亚洲象的生存危机，提升保护观念与意识。

为充分展示热带、亚热带鸟类，1998 年，景区建成了以本地观赏鸟类为主、充分体现西双版纳鸟类特色和云南“雉科动物故乡”美誉的百鸟园，园内共养殖各种鸟类 80 余种、2 800 余只，成为一个鸟类共养的乐园。经过不断的探索及研究，百鸟园已经成为饲养、繁殖、驯化拯救鸟类的科普教育基地。百鸟园饲养着云南特有的珍稀鸟类和一些观赏鸟类，如白鹇（国家二级保护鸟类）和云南原鸡等；百鸟园内驯养的指定鸟类也会进行生动的表演与观众们互动。

蝴蝶园占地面积 1.5 公顷，按蝴蝶形态设计了 5 个展厅。园内藏有 2 000 多个珍贵的蝴蝶标本，大多都是我国各省市名贵的代表性品种。野象谷景区分布有凤蝶、环蝶、斑蝶、蛱蝶、粉蝶等种类繁多的蝴蝶，其中野生蝴蝶有 100 多种，常年飞舞于林间、河滩、草地，形成别具特色的风景。

（3）研学体验

景区每年组织开展夏令营、冬令营活动，招募志愿者参与繁育基地的救助象饲养、野象跟踪监测、游客解说等服务。2014 年推出“画象”活动并建立了“画象屋”，让公众根据自己的认识画出想象中的大象。2015 年，以英国威廉王子探访野象谷为契机，与旅行社合作设计推出“大象王朝”“雨林牧象”“我也要当象爸爸”“象爸爸的一天”“认识亚洲象”等教育体验产品，让游客走近大象，与大象亲密互动交流，进一步加深对亚洲象的认识和了解。野象谷于 2016 年起连续承办“8·12 世界大象日”宣传活动，面向公众、游客开展亚洲象保护的宣传推广活动。

此外，2002 年，原中华人民共和国国家林业局批准在野象谷成立中国亚洲象种源繁育基地，该工程于 2008 年 12 月通过验收，是中国目前唯一的亚洲象研究繁育基地。基地引进了国内外最先进的科研设备，基础设施不断得到完善。基地目前有人工饲养亚洲象 17 头，先后救助亚洲象 7 头，人工辅助繁育亚洲象 3 头。目前，该基地已成为亚洲象保护、研究、繁育的重要基地。

思考与练习

1. 生物与风景资源的关系体现在哪几个方面？
2. 花卉在风景资源中起什么样的作用？

3. 如何理解生物的文化功能？

4. 内蒙古草原由哪六大草原组成？

5. 阅读“锡林郭勒草原景观规划设计”，思考依托草原进行风景资源开发应遵循怎样的原则？

6. 阅读“云南西双版纳傣族自治州野象谷规划设计”，思考依托动物资源进行风景资源开发应遵循怎样的原则？

第六章

Chapter 06

气候气象风景资源

本章学习重点与目标

（1）了解气候气象风景资源的概念、类别、吸引力、功能

（2）理解气候气象风景资源的细分类别、景观特征、功能

（3）了解气候气象风景资源的典型风景资源地

（4）学习典型气候气象风景资源地景观规划开发的原则、策略、空间布局及关键节点的景观设计，提升独立思考、自我判别的能力

第一节　气候气象风景资源概述

气候气象是与人类密切相关的自然现象之一，深刻地影响了自然环境与人类生产、生活，也是风景资源的重要组成部分，如黄山云雾、巴山夜雨、吉林雾凇、避寒避暑胜地等都是重要的气候气象风景资源的具体表现。

一、气候气象相关概念

（一）气候

气候是指某一地区多年天气状况的综合，不仅包括该地相继稳定发生的天气状况，也包括偶尔出现的极端天气状况。

（二）气象

气象是对地球外围大气中经常出现的大气物理现象和物理过程的总称，包括冷、热、干、湿、风、云、雨、雪、霜、雾、电、虹、霞、光等。

（三）天气

天气是一个地区短期内气象的具体表现。

（四）康乐气候

康乐气候是指人体感觉舒适的气候条件，一般指气温在 10 ～ 22℃，这个气候是最适宜旅游度假的。

（五）气候气象风景资源

气候气象风景资源是指具有能满足人们正常的生理需求和特殊的心理需求功能的气候条件和气象景观。气候风景资源一方面指能吸引人的宜人气候条件，另一方面指以气候为背景，与其他景物结合共同形成的具有吸引力的某一地区的整体环境景观。气象风景资源包括吸引旅游者的各种大气物理现象及其过程。

二、气候气象与风景资源的关系

气候气象对自然风景资源有着深刻的影响。不同地域的气候气象条件形成不同地域的自然风景资源，如我国东部季风区降水充沛、日照充足，是森林、淡水湖泊、江河、大海、瀑布、沙滩等风景资源分布地；西北非季风区降水少，为干旱、半干旱气候，主要分布着沙漠、砾石滩、寒漠、草原、咸水湖等风景资源；东北地区冬季漫长、寒冷，降雪期和积雪期都较长，形成林海雪原等各种冰雪风景；江南地区降水丰富、雨季绵长、薄雾蒙蒙、烟云变化、植被茂盛，形成山水秀美景色。气候气象还会引起自然风景的季相变化，使同一风景区在不同的季节呈现不同的景观。

同时，气候气象也影响着人文景观，包括建筑、服饰、饮食文化等人文景观，如我国建筑呈现“南尖北平”“南敞北封”等特征，我国饮食有“东酸西辣”之说等，都与当地的气候条件密切相关。

气候气象对风景资源的影响具体体现在以下几个方面。

（一）气象具有背景的作用

某地风景会因为气象而变得更加灵动、丰富。如泰山日出、黄山云海、雨西湖等，都是与气象要素紧密相连的景观资源。

（二）气候气象具有直接的造景作用

有些气候气象本身就是风景资源，对人们有很强的吸引力。例如，人们向往蓬莱仙境，为的是目睹海市蜃楼；冒严寒去吉林，目的是观赏雾凇；莫干山历来是人们心目中的避暑胜地；峨眉山金顶佛光、泰山佛光等，这些都是由当地的气候气象条件形成的风景资源。

（三）气候具有间接的育景作用

我国南、北方的园林建筑和民居住宅的设计与建设都跟当地气候条件相关。我国民居“南尖北平”，南方屋顶之所以高而尖，原因在于南方的年降水量大，气候又炎热，高而尖的屋顶既利于排水，又利于通风散热。北方由于降水较少，所以屋顶多建成平顶，这样既可节省建筑材料，还可兼作晾晒作物的场所。

（四）气候条件影响客流的时间变化和空间分布

1. 对客流空间分布的影响

气候条件优越并且适游期长的地区往往成为旅游热点地区。夏季，我国的气温普遍较高，沿海海滨、湖滨和山区等气候相对凉爽宜人的地区成为旅游热点地区。而冬季气候寒冷，我国低纬地区成为居住在北方的游客向往的地方，而生活在温暖地带的游人则喜爱到北方去欣赏北国风光。

2. 对旅游淡旺季的影响

气候的季节性变化导致旅游业淡季、平季和旺季更替的变化节律。在我国，春季、秋季气候温和、宜人，是旅游的最好季节；夏季的炎热和冬季的寒冷，降低了人们外出旅游的欲望，形成旅游平季或淡季。

三、气候气象风景资源的吸引力

（一）观赏体验

独特的气候气象要素构成的自然景观本身就是旅游资源，对旅游者有着很大的吸引力。例如，闻名世界的旅游风景区黄山吸引着无数中外游客前来观光游览，游客在赞叹黄山的奇松、怪石的同时，更为神奇多彩的气象景观所陶醉。白云滚滚、银浪滔滔的黄山云海，飘忽不定、变幻无穷的黄山雾，美妙绝伦的黄山日出、日落，鲜为人见的黄山奇景宝光，冬日里形成的“玉菊怒放”“梨花盛开”的雾凇奇观，以及雪后初晴的黄山银白色世界，都使游人流连忘返。

除了观赏功能外，气候气象还有体验功能，这是由于温度、湿度、风、光照等都能给人带来直接的体验、感觉。坐在海边的礁石上，感觉海风轻轻拂面，嗅着有淡淡咸味的空气，看远处落日余晖、归帆点点，听身边浪涛拍岸、海鸥啼鸣。这种“亲身体验”的感觉往往能给游客留下深刻的印象，这也是目前盛行的在线旅游、虚拟旅游所不能带来的体验。

（二）休闲度假

人们对气候的感觉，最敏感的是气温、湿度和风的状况，所以一般多以气温、湿度和风的状况来表示一个地区的气候舒适度。

一些区域的气候条件具有优越性，有利于开展避暑消寒等度假活动。如地中海沿岸、加勒比海沿岸、夏威夷、阿尔卑斯山地、我国的庐山和北戴河。这些地方要么夏季凉快清爽，要么冬季温暖湿润，或有充足的阳光，成了著名的度假胜地。

由于地表状况影响而出现的一些局部小气候，也为休闲活动提供了条件。例如，湖滨地带受湖泊调节，与远离湖面的区域相比具有昼夜温差小、相对湿度较大的特点，加之有优美的水景和亲水环境，成为人们乐于前往的休闲场所。山谷、河谷地带，常形成山谷风，夏夜凉风习习，可供人们消暑、纳凉。乡野、农村由于地表植被覆盖度高，水面较多，空气污染小，形成与城市不同的气候条件，这是近年来我国乡村旅游、郊区度假休闲旅游盛行的原因之一。

（三）疗养健身

气候条件是疗养活动所必需的一个重要环境条件，许多气候宜人的环境适合开展疗养旅游活动。一般来说，洁净的空气，适宜的温度、湿度状况，充足的阳光及宜人的景色对人的身体保健和病体康复有积极作用，有利于开展疗养活动。

森林覆盖率高的山区、湖滨、海滨往往成为主要的疗养场所。滨海风景区由于海浪拍岸，水被分裂为无数雾珠，使空气中负离子的数量增多。生物气象学家研究证实，负离子具有消毒、杀菌和净化空气的作用。富含负离子的空气进入人体，还具有镇痛、止咳、镇静催眠、降低血压和减轻疲劳的功效。我国滨海地区分布着许多著名的气候疗养胜地，如北戴河、烟台、青岛、大连等地。近年来我国北方出现"候鸟型"老人，他们夏季时居住于北方城市，冬季时则栖身于厦门、海南等海滨地区。

四、气象风景资源的特征

（一）多变性

气象的瞬息万变影响着景色的变化，给旅游者以不同的美感和多变感，如日出、霞光、佛光、蜃景等气象景观都是瞬息万变的。

（二）背景性和借景性

气象景观的出现常常要与其他的旅游资源相配合，以其他景观为背景，如高山云海、海上日出、沙漠蜃景、名山佛光等。

（三）地域性

各种气象景观的出现都有一定的地域性，一些特殊景象必须在特定的地点才可显现，如吉林雾凇、峨眉佛光、江南烟雨、大理下关风等。

（四）时间性和季节性

气象景观有明显的季节变化和时间变化，如冰雪景观只出现于冬季，而蜃景和宝光一般见于中午或下午。

自然事物在不同时间里可以呈现出不同的美。这种美是自然事物在时间链条中的展开，也是宇宙创化力量的进一步展示。“春风桃李花开日，秋雨梧桐叶落时”，自然事物随着季节、物候和时令的变化展示出了它的风姿。“长空雪乱飘，改尽江山旧”“黑云翻墨未遮山，白雨跳珠乱入船。卷地风来忽吹散，望湖楼下水如天”等诗句描绘了雪、云、雨、风等自然气象的瞬息变幻。谚云“一山看四季”，即同一座山在不同的季节里会展现不同的风貌。“山春夏看如此，秋冬看又如此，所谓‘四时之景不同’也。山朝看如此，暮看又如此，阴晴看又如此，所谓‘朝暮之变态不同’也。如此是一山而兼数十百山之意态，可得不究乎！春山烟云连绵人欣欣；夏山嘉木繁阴人坦坦；秋山明净摇落人肃肃；冬山昏霾翳塞人寂寂。”不仅山如此，整个自然世界都是在斗转星移的历史中、在时间的长河中变幻着它的面纱，撩拨着人的情愫。所以，郭熙在《林泉高致》中进一步描摹四季美景道：

> 春有早春云景，早春雨景，残雪早春，雪霁早春，雨霁早春，烟雨早春，寒云欲雨春，早春晚景，晓日春山，春云欲雨，早春烟霭，春云出谷，满溪春溜，春雨春风，作斜风细雨，春山明丽，春云如白鹤，皆春题也。
>
> 夏有夏山晴霁，夏山雨霁，夏山风雨，夏山早行，夏山林馆，夏雨山行，夏山林木怪石，夏山松石平远，夏山雨过，浓云欲雨，骤风急雨，又曰“飘风急雨”，夏山雨罢云归，夏雨溪谷溅瀑，夏山烟晓，夏山烟晚，夏日山居，夏云多奇峰，皆夏题也。
>
> 秋有初秋雨过，平远秋霁，亦曰“秋山雨霁”“秋风雨霁”，秋云下陇，秋烟出谷，秋风欲雨，又曰“西风欲雨”，秋风细雨，亦曰“西风骤雨”，秋晚烟岚，秋山晚意，秋山晚照，秋晚平远，远水澄清，疏林秋晚，秋景林石，秋景松石，平远秋景，皆秋题也。
>
> 冬有寒云欲雪，冬阴密雪，冬阴霰雪，翔风飘雪，山涧小雪，四溪远雪，雪后山家，雪中渔舍，舣舟沽酒，踏雪远沽，雪溪平远，又曰“风雪平远”，绝涧松雪，松轩醉雪，水榭吟风，皆冬题也。

第二节　气候气象风景资源分述

一、云、雾、雨

宋代画家郭熙认为“山无云则不秀”，“山欲高，尽出之则不高，烟霞锁其腰则高矣；水欲远，尽出之则不远，掩映断其脉则远矣”。可见气象条件对风景资源的形成的重要性。在我国各风景名胜区内，以薄云、淡雾、细雨命名的景点颇多，如蓬莱“漏天银雨”、峨眉山“洪椿晓雨”、川东“巴山夜雨”等。流云飞雾是云雾自身构成的景观，这些多发生在风景名胜山地，如黄山、泰山、峨眉山、阿里山的云海，庐山、天柱山的云雾（图 6–1）等。

图6–1　天柱山的云雾

图片来源：安徽天柱山微信公众号

二、日出、日落、霞光等

日出、日落这些壮丽景观不是产生于太阳本来的视形状和东升西落的视运动，而是由于大气折射作用产生的变化所形成的硕大、椭圆的太阳光盘和跃然而出而没的动态，以及托衬太阳的彩云。日出、日落奇景，只有在天地交界的地平线处才能看到。因此，最佳观景点都在可以见到地平线的海滨和前面无视线障碍的中低山地峰顶，如庐山的含鄱口、黄山的玉屏楼、泰山的日观峰、衡山的祝融峰、峨眉山的金顶、钱塘江口的初阳台、普陀山的海滨。观日落以庐山天池亭最佳。

霞是斜射的阳光被大气微粒散射后剩余的色光映照在天空和云层上所呈现的光彩，多出现在日出、日落的时候。由于大气微粒对长波散射的强度低，所以朝霞和晚霞多呈红、橙、黄等颜色，且云量越大，红色越浓。当朝霞和晚霞与周围其他风物景致交相辉映时，常构成一幅幅壮美的画卷，如泰山岱顶四大奇观之一的“晚霞

图6-2　吉林雾凇

图片来源：吉林雾凇岛微信公众号

夕照”、浙江东钱湖的“霞屿锁岚”、贵州毕节的“东壁朝霞”等。

三、雾凇、冰雪等

雾凇是一种附着于地面物体（如树枝、电线等）迎风面上的白色或乳白色不透明冰层，也是由过冷水滴凝结而成的。过冷水滴（温度低于零度）碰撞到同样低于冻结温度的物体时，便会形成雾凇。雾凇是寒冷季节或高寒气候区才能见到的气候景观，其是以纯洁的白色和借助于其他因素（如地形、树木、房屋建筑等）所构成的景观，给人以磁石般的引力，以至于化解人们对寒冷气候的不适感觉。“吉林雾凇”是我国最著名的雾凇奇景（图 6–2）。

冰雪在适当地形条件的配合下是开展冬季旅游的重要旅游资源。由于冰雪运动极强的参与性，这项旅游活动越来越受到旅游者青睐，以至于在欧洲掀起“白色旅游”的热潮。我国冰雪资源开发较晚，但在 2022 年北京冬奥会的带动下，形成了目前由东北地区、京津冀、新疆组成的“三足鼎立”，青藏高原冰雪观光旅游带和中西部冰雪休闲旅游带“两带崛起”的空间分布格局。

冰雪雕塑是寒冷地区发展起来的一种特殊的雕塑艺术，是人类利用大自然创造出来的又一奇观，也是这些地区极为引人注目的旅游项目。

四、佛光、海市蜃楼等

佛光之现，冬多夏少。游人在夏日目睹佛光的机会是非常少的。峨眉山金顶佛光之所以著名，是由于此处云雾天数多、湿度条件好、风速小，佛光出现的次数最多，色彩也最鲜艳。金顶是峨眉山三绝顶之一，有著名的四大奇观：云海、日出、佛光、佛灯，其中佛光名闻天下，为别处名山所罕见。因此，在我国气象学上也把佛光现象称为“峨眉光”。

在晴朗无风的午后，站在观光台前，可在太阳反方向的云雾幕上看见一轮彩色光环，人影正好投在光环之中，人动影也动，人静影也静，这便是著名的“金顶祥光”。“云成五彩观奇光，形似尼珠不可方。更有一桩奇异事，人人影在个中藏”，写的就是此景。

关于佛光的成因，说法不一，至今尚有争议。如果用现有的光学知识来解释，就是光源（太阳光）照射到云雾表面所引起的衍射和漫反射作用的结果。具体一点说，就是太阳光从观察者的身后射来，将人影投射到观赏者面前的云彩之上，云彩中的细水冰晶与水滴形成独特的圆圈形彩虹，而人影则在圆圈的中心，即佛光。

佛光是一种自然现象，它的发生必须具备一些特殊的气候和地理环境，比如需要有太阳光、云雾和特殊的地形。在上午，太阳在东边，佛光就在西边出现，到了下午，太阳移到西边，佛光就会出现在东边。而在中午时分，因为太阳光垂直照下来，就看不到佛光了。只有当太阳、人、云雾三者处在同一条倾斜的直线上，人们才能够看到佛光。

海市蜃楼是大气中由于光线的折射而形成的又一气象奇观。海市蜃楼是指在无风或微风的日子里，大气层较稳定，由于气温在垂直方向上的剧烈变化，使空气密度的垂直分布随之显著变化，远处的光线通过密度不同的空气层，就产生折射或反射，于是在空中或地面显现出远方景物的影像。这种现象多在夏季出现在沿海或沙漠地带，在山区也时有发生。

五、宜人的气候

宜人的气候使人感觉身心舒适和愉悦，本身也是一项旅游资源，可以增加当地旅游吸引力，吸引游客，也往往成为休闲度假旅游目的地。宜人的气候包括避暑型气候、避寒型气候、阳光充足型气候、四季如春型气候等。

2020 年中国香港特别行政区《中国城市》杂志社评出全球十大避暑城市，分别如下。

中国昆明：昆明地处低纬度高原，年平均气温在 15℃，最热时月平均气温为 19℃，最冷时月平均气温为 7.5℃，阳光明媚，景色宜人，四季如春，风景秀丽，文化多样。

俄罗斯圣彼得堡：圣彼得堡的气候属于受海洋性影响的大陆性气候，年平均气温为 5.2℃，夏季温和，最热的 7 月平均气温为 17.7℃。圣彼得堡又被称为“白夜之城”，夏季阳光持续 18 小时，建筑风格独特，艺术氛围浓厚。

瑞士卢塞恩：卢塞恩是个依山傍水的美丽城市，是个阿尔卑斯山脚下的湖畔小镇，湖光山色相互映衬，空气清新，历史悠久。每年 7、8 月，最高气温在 26℃左右，平均气温在 17℃左右，是一年中最好的季节，也是最旺的旅游季节。

荷兰阿姆斯特丹：阿姆斯特丹邻近海洋，受到北大西洋湾流的影响，气候是温和的海洋性气候，夏天平均气温不超过 20℃，也是最佳的避暑时间。阿姆斯特丹运河纵横，骑行游览方便，文化艺术丰富。

俄罗斯莫斯科：莫斯科的气候属于温带大陆性湿润气候，7 月的平均气温为 18℃。5 月到 9 月，莫斯科多晴天，天气凉爽，适合避暑。莫斯科红场、克里姆林宫等标志性建筑也令人惊叹。

奥地利维也纳：维也纳的气候属于温带气候，7 月的平均气温为 14 ～ 19℃，适合避暑。维也纳也是音乐之都，古典建筑和现代风格相融合，咖啡文化和音乐节目也让人流连忘返。

中国贵阳：贵阳的气候属于亚热带湿润温和型气候，年平均气温为 15.3℃，夏季平均气温为 23.2℃。同时，贵阳山水甲贵州，民族风情浓郁，黔菜酸辣开胃，空气清洁，水质优良，适合避暑。

丹麦哥本哈根：哥本哈根的气候属于温带海洋性气候，四季温和。夏季气温最高约为 22℃，最低约为 14℃。哥本哈根同时是欢乐之都，是童话故事的发源地，有小美人鱼铜像、王宫、游乐园等景点，适合避暑。

南非开普敦：开普敦的气候属于地中海气候，空气湿润，绿草遍地。夏季为每年的 11 月至次年的 2 月，气候温暖干燥，平均最高气温为 26℃，适合避暑。

赞比亚卢萨卡：卢萨卡四季如春，风和日丽，环境优美，夏季最低气温为 11℃，最高气温为 23℃，环境优美，是避暑胜地。

第三节　气候气象风景资源开发案例——亚布力滑雪旅游度假区

一、案例地简介

亚布力滑雪旅游度假区位于黑龙江省哈尔滨市尚志市亚布力镇东南 20 千米，属于哈尔滨、牡丹江两大城市圈-核心辐射区的交界重合地带，距哈尔滨市 194 千米，是国家 AAAA 级景区、国家 5S 级滑雪场，是国内最大的滑雪场，也是国内最大的综合性雪上训练中心，是我国滑雪运动员和自然资源部南极考察队员的固定训练基地。

二、案例地风景资源

（一）自然资源

1. 冰雪资源

亚布力全年积雪期约 170 天，积雪厚度可达 150 厘米，平均积雪深度为 38.26 厘米，高山雪区可达 60 厘米以上，且雪质优良，硬度适中，适于开发冰雪旅游和滑雪运动，滑雪期可达 110 ～ 150 天，每年的 11 月中旬至次年 3 月下旬是度假区的最佳滑雪期。

2. 森林资源

亚布力山区森林覆盖率达到 96%，每立方米负氧离子高达 5 万个，具备森林康养的天然资源条件，盛产水曲柳、红松、黄檗、核桃楸、椴树、榆树、桦树等多种名贵木材及人参、平贝母、五味子、刺五加等野生药材 300 余种，同时森林中栖息着的野生动物达近百种。

3. 地貌资源

亚布力地形地貌独特且复杂，主要由长白山脉张广才岭的三座山峰组成，即海拔 1 374.8 米的主峰大锅盔山、海拔 1 262 米的二锅盔山和海拔 1 000.8 米的三锅盔山，峰高坡陡、沟壑狭窄，因此形成了多河谷和密集的石塘。这种地貌在为滑雪运动提供天然坡度条件的同时，也为形成石海等山地观光景观以及攀岩等户外运动开发提供了条件。

（二）人文资源

1. 全民化的滑雪运动文化

受黑龙江地区天然的冰雪自然条件以及地区少数民族生活传统的影响，滑雪运动一直为当地人民所喜爱和流行，相当数量的居民将其视为一种基本技能，并不断向国家输送滑雪人才。截至 2015 年，亚布力滑雪旅游度假区已培养了滑雪冠军 156 人，荣获滑雪冠军 386 人次，被誉为“雪上黄埔”。

2. 多样化的节庆文化活动

1985 年开始，黑龙江省哈尔滨市创办“哈尔滨国际冰雪节”，于每年的 1 月 5 日开幕，持续一个月时间，集冰灯游园会、大型焰火晚会、冰上婚礼、摄影比赛、图书博览会、经济技术协作洽谈会、经协信息发布洽谈会、物资交易大会、专利技术新产品交易会等于一体，期间会举办冰雪节诗会、冰雪摄影展、图书展、冰雪电影艺术节等“节中有节”的丰富文化活动。所以说亚布力不仅是向中外游客展示传承北国冰雪文化和风采的舞台，也是国内外客商开展经贸合作、进行友好交往的桥梁和纽带。

1998年开始，黑龙江省创办了国家级、国际性的旅游节庆活动——“黑龙江国际滑雪节”，与“哈尔滨国际冰雪节”相呼应，实现冰雪联动，树立黑龙江冰雪文化大省形象，并于2008年通过“企业家论坛年会”的支持延伸，举办了首届“中国亚布力国际书法节”，将冰雪体育运动与艺术相结合，丰富和开拓了亚布力的冰雪文化内涵。

三、案例地总体规划

（一）规划设计目标

亚布力致力于打造以滑雪度假为主导，运动竞技、旅游度假、避暑休闲、健康养生、文化娱乐、商贸会议、生态宜居为一体的四季均衡发展的国际精品旅游区；将“冷资源”转化为“热经济”，充分利用发挥亚布力现有的森林资源、山地资源、冰雪资源和人文资源优势，并试图盘活度假区夏季闲置的旅游接待服务设施，突破亚布力季节性经营瓶颈，促进亚布力滑雪旅游度假区由单季经营向四季经营转变。

（二）规划设计原则

1. 生态环境保护原则

亚布力在开发中科学保护和优化区域自然资源及其生态环境，保存延续其自然生态景观的地域典型性；同时保护区域内人文景观资源及其文化传承性；维持野生动植物生物多样性及生态环境稳定性，确保其资源利用自循环性以及良好的环境自净能力。

2. 低碳可持续原则

区域内所有旅游服务设施实现节能减排，构建低碳型景区。充分利用风能、太阳能、生物能等清洁能源；应用节能技术，采用生态环保材料，建设绿色环保型建筑；利用现有灵芝湖、好汉泊两座水库，建成互补连通式水库，再通过水力发电，其发电量可满足10万平方米供电和采暖。景区内实行步行、自行车、电动摆渡车等零排放交通方式，逐步实现“零碳景区”的生态环保景区建设目标。

3. 产业振兴联动原则

以保护区域内现状资源为前提，渐进式地推动旅游业的开发与发展，尝试带动周边旅游资源，形成整体性区域休闲旅游发展。建设目标对标黑龙江省域级旅游目的地，试图对全省休闲旅游目的地起到模范牵头示范作用。同时，构建景观产业链，联动文化产业、房地产业、旅游商业、休闲服务业等一系列相关产业的共同发展，实现“大亚布力”区域规划。

4. 精神文化塑造原则

代表中国北方“北国冰雪文化”，为国内外游客提供领略寒地冰雪景观的机会、体验一流滑雪竞技运动的场所以及感知冰雪休闲游憩的氛围，全方位塑造“冰雪”精神文化体验。

（三）案例地空间布局

在空间布局上，构建“一核、三区、一带”的空间结构。

一核：以“旅游服务中心”为核心，并以此作为整个度假区的活力发展核。

三区：度假区按功能和性质特征划分为三个大功能区块——森林康养区块、滑雪运动区块、综合服务区块。

一带：即“旅游观光带”，依据景观节点的分布情况，合理规划度假区旅游观光路径，使观光涵盖并自然接洽自然旅游资源和人文旅游资源。

四、案例地重要节点规划设计

度假区以森林康养区块、滑雪运动区块、综合服务区块三大功能区块为基础，进一步划分五大旅游主题区。

（一）冬季滑雪区

冬季滑雪区为度假区冰雪旅游主打核心区域，分为高山竞技滑雪场和旅游滑雪场两大部分。高山竞技滑雪场设有三处，分别位于大锅盔山、二锅盔山以及二锅盔山与三锅盔山之间海拔 988 米的高地，具备国际标准，拥有 9 条高山滑雪道、7 条越野滑雪道、6 条滑雪缆车和花样跳台、90 米级高山跳台，冬季两项靶场及室内体育馆、运动员村等场地。旅游滑雪场设在三锅盔山，拥有 21 条初、中、高级滑雪道，总长度达 30 千米。其中高级滑雪道长 3 080 米，平均宽度为 50 米，落差为 804 米。旅游滑雪场内还有长达 5 千米的环形越野雪道及雪地摩托、雪橇专用道，设有 2 条吊箱索道、5 条吊椅索道、3 条拖牵索道及 1 条提把式索道，为游客提供高山滑雪、雪橇滑雪、雪地摩托、狗拉雪橇、马拉雪橇、湖上滑冰、堆雪人、雪地烟花篝火晚会等多样化游艺项目，还辟有儿童滑雪娱乐区和风车传统滑雪区。

（二）夏季旅游风景区

夏季旅游风景区是为打造全时令四季旅游景区而拓展开发的夏季旅游功能区，主要以夏季森林康养休闲游为主，主要景点有亚布力青云小镇、小火车采摘园、月湖天然浴场、五指神树、森林滑道、云中漫步、地下森林等。

（三）户外运动休闲区

户外运动休闲区是以户外运动体验为主的主题区域，游客可尝试体验山地自行车、野外露营、极限运动、吊椅索道等户外极限运动。

（四）娱乐项目区

娱乐项目区与现代大众游玩设施相结合，重在休闲和文化体验，主要景点有陆地公园、冰雪欢乐谷、造浪池、民族村和森林木屋等。

（五）旅游服务区

旅游服务区以商业、住宿、餐饮等配套服务设施以及集会、节庆广场为主。在步行街区内，以小型中央广场作为各种节庆活动的举办中心，布置各种餐厅、酒吧、咖啡厅、俱乐部等餐饮娱乐场所。商业设施主要有百货商店、旅游品专卖商店、土特产品商店、体育用品商店等，还设有滑雪培训学校、小型旱冰场。东部设公交客运站、公共停车库、停车场。住宿方面，有亚布力山庄、青年公寓、雅旺斯酒店、亚林雪场宾馆、电力山庄、通信山庄、南极宾馆、新闻宾馆等多种住宿选择，并根据国外旅游度假区的发展趋势，以此为基础辟建疗养区和长期度假区，建筑以别墅式四层楼房为主，南向布置，既扩增了旅游淡季的产品品种，又满足了旅游旺季需求。

思考与练习

1. 气候气象与风景资源的关系具体体现在哪些方面？

2. 气象风景资源有哪些特征？

3. 气候气象风景资源有怎样的旅游价值？

4. 阅读亚布力滑雪旅游度假区规划开发案例，思考冰雪风景资源的开发应遵循哪些原则。

参考文献

[1] Cleveland H W S. Landscape architecture as applied to the wants of the west: with an essay on forest planting on the Great Plains[M]. Chicago: Jansen, McClurg & Company, 1873.

[2] 约翰·奥姆斯比·西蒙兹. 大地景观：环境规划设计手册［M］. 程里尧，译. 北京：中国水利水电出版社，知识产权出版社，2008.

[3] 杨阿莉. 旅游资源学［M］. 北京：北京大学出版社，2016.

[4] 董佩龙. 关于黑龙江省地区风景资源的调查、保护和开发［J］. 自然资源研究，1981（2）：51–55.

[5] 孙文昌. 我国风景资源及开发中的问题［J］. 自然资源研究，1984（3）：29–34，41.

[6] 陈传康，孙秀萍. 北京风景资源的开发和观赏研究［J］. 城市问题，1986（1）：58–61.

[7] 保继刚，楚义芳. 旅游地理学［M］. 修订版. 北京：高等教育出版社，1999.

[8] 杨世瑜，吴志亮. 旅游地质学［M］. 天津：南开大学出版社，2006.

[9] 谢凝高. 关于风景美的探讨［J］. 建筑学报，1981（2）：42–51，84.

[10] 庄志民. 旅游美学新编［M］. 上海：上海人民出版社，格致出版社，2011.

[11] 章海荣. 旅游美学导论［M］. 北京：清华大学出版社，北京交通大学出版社，2006.

[12] 刘晓红. 让山水是山水［EB/OL］. http：//gs. people. com. cn/n2/2021/0423/c366766-34690860. html.

[13] 罗兰. 中国人的山水观［J］. 语数外学习（初中版），2022（8）：16–17.

[14] 陈望衡. 中国古代山水美学集大成者——柳宗元［J］. 关东学刊，2019（3）：

5-13.
[15] 曹晖. 美学概论 [M]. 北京：对外经济贸易大学出版社，2014.
[16] 鄢志武. 旅游资源学 [M]. 2 版. 武汉：武汉大学出版社，2007.
[17] 陆廷清. 地质学基础 [M]. 2 版. 北京：石油工业出版社，2015.
[18] 刘南威. 自然地理学 [M]. 3 版. 北京：科学出版社，2014.
[19] 程维明，周成虎，申元村，等. 中国近 40 年来地貌学研究的回顾与展望 [J]. 地理学报，2017，72 (5)：755-775.
[20] 杨景春，李有利. 地貌学原理 [M]. 修订版. 北京：北京大学出版社，2005.
[21] 崔之久，杨建强，陈艺鑫. 中国花岗岩地貌的类型特征与演化 [J]. 地理学报，2007，62 (7)：675-690.
[22] 张宗良，朱万曙，程亚星，等. 全景中国：安徽：黄山与徽文化 [M]. 北京：外文出版社，2006.
[23] 王颖，王敏京. 火山地貌例述 [J]. 海洋地质与第四纪地质，2018，38 (4)：1-20.
[24] 闵隆瑞，朱关祥. 玄武岩区的地貌、构造与生态旅游 [C] // 中国地质学会旅游地学与地质公园研究分会. 全国第 14 届旅游地学年会暨长白山地区旅游资源开发战略研讨会论文集. 北京：中国林业出版社，1999.
[25] 王民，张序强. 黑龙江省火山地貌旅游资源及其开发 [C] // 中国旅游协会区域旅游开发专业委员会，中国国内旅游协会，汕头市中国旅行社，等. 区域旅游开发的理论与实践. 南京：江苏人民出版社，1996.
[26] 骆学全. 长白山火山地貌 [J]. 资源调查与环境，2012，33 (4)：208.
[27] 侯建国. 腾冲地区的火山地貌 [J]. 山西建筑，2004，30 (1)：29-30.
[28] 赵士德，钱丽萍. 雁荡山旅游资源开发与保护 [J]. 资源开发与市场，2006，22 (4)：391-392.
[29] 余明刚，邢光福，沈加林，等. 雁荡山世界地质公园火山作用研究 [J]. 岩石矿物学杂志，2008，27 (2)：101-112.
[30] 卢耀如. 中国喀斯特地貌的演化模式 [J]. 地理研究，1986，5 (4)：25-35.
[31] 赖良杰，彭东. 喀斯特地貌景观特点及旅游形象塑造 [J]. 中国岩溶，2003，22 (4)：318-323.
[32] 中国地理学会地貌专业委员会. 喀斯特地貌与洞穴 [M]. 北京：科学出版社，1985.

[33] 缪钟灵，宗凤书，蒋亚萍．桂林水文岩溶及旅游资源研究［M］．武汉：中国地质大学出版社，2004．
[34] 熊康宁．中国南方喀斯特与世界自然遗产［C］// 山地环境与生态文明建设——中国地理学会 2013 年学术年会・西南片区会议论文集，2013．
[35] 彭华．中国丹霞地貌及其研究进展［M］．广州：中山大学出版社，2000．
[36] 彭华．中国红石公园：丹霞山［M］．北京：地质出版社，2004．
[37] 彭华．中国丹霞的世界遗产价值及其保护与管理［J］．风景园林，2012（1）：63–67．
[38] 孙继虎．大美张掖　彩色丹霞［J］．地理教学，2014（9）：2，65．
[39] 梨花满天，张建科．张掖丹霞　震撼你的视觉［J］．旅游，2016（5）：66–71．
[40] 张荷生，崔振卿．甘肃省张掖丹霞与彩色丘陵地貌的形成与景观特征［J］．中国沙漠，2007，27（6）：942–945．
[41] 牛清河，屈建军，李孝泽，等．雅丹地貌研究评述与展望［J］．地球科学进展，2011，26（5）：516–527．
[42] 马勇，李芳．海滨旅游规划与开发：理论、方法与案例［M］．北京：科学出版社，2013．
[43] 信慧娟．青岛市旅游资源分类、评价及发展研究［J］．广西质量监督导报，2019（6）：40–41．
[44] 陈麦池，张捷，张宏磊，等．鸣沙景观的地理分布及发声机理［J］．中国沙漠，2019，39（5）：120–126．
[45] 冯景兰，朱翙声．广东曲江仁化始兴南雄地质矿产［R］．两广地质调查所年报，1928．
[46] 刘春雨，潘竟虎，孙礼军，等．基于 GIS 和 RS 的干旱内陆河流域生态环境敏感性评价——以张掖市为例［J］．现代农业，2009（5）：87–89．
[47] 郭福生，陈留勤，严兆彬，等．丹霞地貌定义、分类及丹霞作用研究［J］．地质学报，2020，94（2）：361–374．
[48] 彭华．中国丹霞地貌研究进展［J］．地理科学，2000，20（3）：203–211．
[49] 陈吉余．泰山地区山地地貌摘要［J］．第四纪研究，1958，1（1）：167–169．
[50] 周杨．基于空间句法理论的青岛三大滨海景观空间效能分析［D］．济南：山东大学，2021．
[51] 于喆．青岛经济技术开发区滨海景观的调查研究［D］．西安：西安工程大学，

2013.
[52] 张雪. 黄岛可持续性滨海景观设计研究 [D]. 南京：南京林业大学，2014.
[53] 马志. 青岛西海岸新区旅游业发展战略研究 [D]. 青岛：青岛大学，2016.
[54] 镡旭娜. 青岛西海岸新区文化发展战略研究 [D]. 青岛：青岛理工大学，2015.
[55] 王卓琳，潘丽珍，葛曼，等. 人地关系视角下青岛凤凰岛风貌保护规划探索 [C] // 共享与品质——2018 中国城市规划年会论文集（07 城市设计），2018.
[56] 郭霞. 凤凰鸣于高岗 [J]. 商周刊，2016（12）：34-35.
[57] 徐家红，王媛媛，廉小莹，等. 张掖丹霞地质公园地质遗迹景观资源的开发与保护 [J]. 干旱区资源与环境，2013，27（9）：198-204.
[58] 李静，杨洋. 基于旅游地生命周期理论影响下的张掖丹霞旅游景区保护与开发 [J]. 中小企业管理与科技（中旬刊），2018（11）：55-56，132.
[59] 张霖，杨瑚，张雨薇. 张掖丹霞国家地质公园旅游发展策略分析 [J]. 绿色科技，2021，23（23）：227-230.
[60] 陈伟. 基于 IPA 模型的鸣沙山月牙泉景区游客满意度研究 [D]. 兰州：西北师范大学，2020.
[61] 曹娟. 鸣沙山·月牙泉 [J]. 城乡建设，2009（6）：77-78.
[62] 武法东，王彦洁，曾鹏. 丝绸之路经济带上的地质瑰宝——中国敦煌世界地质公园 [J]. 西部资源，2016（3）：119-120.
[63] 韩宗泰. 探究教学实践在旅游地理教学中的重要性——以敦煌鸣沙山月牙泉为例 [J]. 新课程（下），2019（2）：49.
[64] 董霁红，卞正富. 敦煌市鸣沙山月牙泉自然遗产保全的研究 [J]. 自然资源学报，2004，19（5）：561-567.
[65] 刘海洋，王乃昂，叶宜好，等. 我国沙漠旅游景区客流时空特征与影响因素——以鸣沙山、沙坡头、巴丹吉林为例 [J]. 经济地理，2013，33（3）：156-163.
[66] 陈华文，方浩. 月牙泉的前世今生 [J]. 大自然，2011（4）：34-37.
[67] 贾芳. 敦煌旅游名牌产品开发的调查与思考 [J]. 发展，1999（1）：27-29.
[68] 黄虎. 敦煌奇迹——鸣沙山与月牙泉 [J]. 中国工会财会，2000（3）：54.
[69] 丁蕾，吴小根. 水体旅游资源评价指标体系的构建与应用研究 [J]. 经济地理，2013，33（8）：183-187.
[70] 孙顺才，王苏民，郑长苏. 中国湖泊地貌与湖泊沉积学研究概况 [J]. 湖泊科

学，1989，1（1）：12-20.
［71］地质旅游编辑部. 绮丽的湖泊地貌景观［J］. 资源导刊·地质旅游版，2015（11）：64-65.
［72］刘俊，李云云，林楚，等. 长江旅游带旅游资源空间格局研究［J］. 长江流域资源与环境，2016，25（7）：1009-1015.
［73］郑永萍. 黄果树瀑布旅游资源评价［J］. 青春岁月，2015（15）：414.
［74］蒲昭和. 旅游与医疗矿泉［J］. 家庭医学，2002（4）：40.
［75］北寒. 济南人的泉水生活［J］. 旅游世界，2012（8）：80-83.
［76］郭颖. 试论少数民族地区文化 旅游资源的保护与开发——以泸沽湖地区为例［J］. 旅游学刊，2001，16（3）：68-71.
［77］李灿金，罗明军. 泸沽湖旅游开发现状及发展潜力［J］. 中南民族大学学报（人文社会科学版），2003，23（S1）：67-69.
［78］肖雪. 四川泸沽湖景区民俗旅游资源开发研究［J］. 安徽农业科学，2008，36（19）：8237-8239.
［79］周世祥，胡田贵. 泸沽湖风景区旅游资源及开发研究［J］. 西昌师专学报（哲学社会科学版），1996（4）：102-109.
［80］四川省人民政府. 四川泸沽湖风景名胜区总体规划（2021—2035年）［R］. 2022.
［81］曾耀辉. 泸沽湖风景区（四川片区）总体规划与旅游开发［J］. 科技信息（学术研究），2008（15）：665-666.
［82］唐进群. 泸沽湖风景名胜区总体规划与思考［C］// 中国科协2002年学术年会第22分会场论文集，2002.
［83］余艳红，宋福强. 泸沽湖风景区规划环评旅游环境承载力研究［J］. 环境科学导刊，2010，29（3）：101-104.
［84］张霖，蔡凌豪. 云南丽江泸沽湖落水摩梭传统村落景观规划［J］. 中国园林，2009，25（7）：53-57.
［85］张卫婷，杨新宇. 生物资源及其旅游价值开发［M］. 西安：西北工业大学出版社，2022.
［86］董丽，包志毅. 园林植物学［M］. 北京：中国建筑工业出版社，2013.
［87］吴楚材. 森林旅游资源的分级［J］. 中南林学院学报，2003，23（2）：33-38.
［88］钟林生，牛亚菲，刘家明，等. 内蒙古草原旅游资源及其开发研究［J］. 干旱

区资源与环境，2005，19（2）：105-110.
［89］毛洪玉. 园林花卉学［M］. 2版. 北京：化学工业出版社，2023.
［90］王红英. 以野生动物为对象的休闲旅游影响与评价研究——以生态观鸟旅游为例［D］. 北京：北京林业大学，2008.
［91］张立. 中国亚洲象现状及研究进展［J］. 生物学通报，2006，41（11）：1-3，64.
［92］刘文杰，李红梅. 西双版纳旅游气候资源［J］. 自然资源，1997，19（2）：62-66.
［93］唐进群. 风景旅游镇规划的思考——以泸沽湖镇规划为例［J］. 小城镇建设，2005（7）：26-29.
［94］邓涛涛. 民族文化旅游主题公园式开发研究——以西双版纳傣族园景区为例［D］. 上海：华东师范大学，2007.
［95］沈庆仲，苏海萍，王斌，等. 西双版纳野象谷生态旅游发展模式分析［J］. 当代旅游，2020，18（7）：75-78.
［96］白益双，林玫伶，潘飞. 对于纽约中央公园设计的美学思考［J］. 大众文艺，2021（4）：48-49.
［97］蔡宇威，陈璐. 现代城市公园建设的再认知与再突破——以纽约中央公园与西安幸福林带为例［J］. 城市建筑，2022，19（7）：182-185，198.
［98］吴章文. 旅游气候学［M］. 北京：气象出版社，2001.
［99］徐春堂. 气象旅游资源的开发与利用［J］. 枣庄学院学报，2006，23（2）：103-107.
［100］苏军芳. 基于SWOT分析的亚布力冰雪产业发展研究［J］. 西部皮革，2020，42（6）：84-85.
［101］马晓东. 亚布力国家森林公园规划设计研究［D］. 哈尔滨：哈尔滨工业大学，2019.
［102］李奕萱. 亚布力风景名胜区景观资源特性及生态价值分析［J］. 林业科技，2017，42（3）：61-62.
［103］张贵海. 黑龙江省“大亚布力”全域旅游开发与建设研究［J］. 对外经贸，2017，（4）：32-36.
［104］贾红乾. 亚布力滑雪旅游度假区发展对策研究［D］. 哈尔滨：黑龙江大学，2015.

[105] 周小新. 冷资源热经济的研究——以亚布力滑雪旅游度假区开发策划项目为例［J］. 住宅与房地产，2018（22）：38，138.
[106] 黎明，刘丹. 浅谈黑龙江省滑雪旅游度假区的可持续发展——以亚布力滑雪旅游度假区总体规划为例［J］. 中国科技信息，2005（13）：344.
[107] 徐宗波，付艳慧. 亚布力滑雪旅游度假区旅游竞争力及其提升策略研究［J］. 青岛酒店管理职业技术学院学报，2009（1）：15-18.